D1677396

Ursula Markus/Tanja Polli   Das Geschlecht der Seele

DAS GESCHLECHT DER SEELE

Transmenschen erzählen

Ursula Markus (Fotografie) und Tanja Polli (Text)

Elster Verlag   Zürich

Wir danken allen, die sich für die Porträts zur Verfügung gestellt haben, für ihre Offenheit, ihr Engagement und ihr Vertrauen. Bei Udo Rauchfleisch bedanken wir uns herzlich für das spannende Gespräch und den Einblick in seine Arbeit. Weiter geht ein grosses Merci an Jacqueline Fehr, Urs Mettler, Eva Markus und Vera Markus für ihre wertvolle Mithilfe und an Käther Bänziger fürs erste Lesen der Texte.

Ein grosses Dankeschön gebührt auch den Sponsoren dieses Projektes:

ERNST GÖHNER STIFTUNG

 küsnacht

Cassinelli-Vogel-Stiftung

MIGROS
kulturprozent

KULTURSTIFTUNG WINTERTHUR

Monika Jänicke und Helmut Kandler

Daniela Kaufmann

Bibliografische Information der Deutschen Nationalbibliothek:
Die Deutsche Nationalbibliothek verzeichnet diese Publikation in der Deutschen Nationalbibliografie; detaillierte bibliografische Daten sind im Internet über http://dnb.d-nb.de abrufbar.

Gestaltung: Rogério Franco, Zürich
Lektorat: Henry Hohmann, Bern
Korrektorat: Rachel Camina, Zürich
Druck: AZ Druck und Datentechnik, Kempten
Gesetzt aus der Pistille und Humanist

© 2013 Ursula Markus, Zürich (Fotos)
© 2013 Tanja Polli, Winterthur (Texte)
2. Auflage 2013
ISBN 978-3-906065-15-1
© für diese Ausgabe 2013 by Elster Verlagsbuchhandlung AG, Zürich
www.elsterverlag.ch

Alle Rechte vorbehalten
Dieses Werk ist urheberrechtlich geschützt. Dadurch begründete Rechte, insbesondere der Übersetzung, des Nachdrucks, des Vortrags, der Entnahme von Abbildungen und Tabellen, der Funksendung, der Mikroverfilmung oder der Vervielfältigung auf anderen Wegen und der Speicherung in Datenverarbeitungsanlagen, bleiben, auch bei nur auszugsweiser Verwertung, vorbehalten. Vervielfältigungen des Werkes oder von Teilen des Werkes sind auch im Einzelfall nur in den Grenzen der gesetzlichen Bestimmungen des Urheberrechtsgesetzes in der jeweils geltenden Fassung zulässig. Sie sind grundsätzlich vergütungspflichtig.

Inhalt

Vorwort	8
Interview	10
Sabrina Gubser	17
Maria Jenzer	33
Niklaus Flütsch	49
Esther Brunner	65
Diana Dupuy	81
Monica Ramasami	97
Georges Kitsakis	113
Ramona Welti	129
Sonja Vera	145
Marcella Berardi	161
Henry Hohmann	177
Über die Autorinnen	192

Vorwort

«Es fühlte sich an wie ein Sechser im Lotto.» So beschreibt Maria Jenzer das Gefühl ihrer Befreiung. Eine Befreiung, die darin bestand, dass Walter zu Maria wurde. Niklaus Flütsch spricht von Würfeln, die gefallen waren, nachdem er für sich die Frage beantwortet hatte, ob sich nicht der Körper der Seele anpassen sollte, statt umgekehrt. Und Marcella Berardi kommentiert Bemerkungen über ihre Liebe zu einer Frau mit der Erkenntnis: «Das Herz hat keinen Chef.»

Den radikalen Fragen, der Befreiung und der Bestimmtheit gingen oft quälende Jahre oder gar Jahrzehnte voraus. Das Gefühl, fremd zu sein im eigenen Körper und nicht das richtige Leben zu leben, die kräftezehrenden Bemühungen, trotzdem einfach weiterzumachen, die Angst vor den Reaktionen des Umfelds – wir können nur erahnen, welchen Mut und welche Kraft es braucht, um den Weg aus der falschen, fremden Rolle in die richtige zu gehen. «Das Geschlecht der Seele» ist kein aufrührerisches Buch, keine Spur von Dramatisierung oder Sensationalismus. Und doch standen mir da und dort die Haare zu Berge. Der Mut, die Energie, die Kraft, den eigenen Weg zu gehen und dafür das Risiko der Ausgrenzung in Kauf zu nehmen, machte mir beim Lesen immer wieder Hühnerhaut. Alle Porträtierten kamen zu einem Punkt, an dem sie spürten, dass es kein Zurück mehr gab.

Transidentität? Das Thema irritiert. Vielen Menschen fällt es schwer zu akzeptieren, dass das Geschlecht des eigenen Körpers, das «von der Natur» doch so klar vorgegeben zu sein scheint, trotzdem falsch sein kann. Und selbst wenn wir uns eigentlich für offene und aufgeklärte Menschen halten, ertappen wir uns vielleicht dabei, wie wir plötzlich über das Personalpronomen stolpern: «Maria, er... ach nein, ich meine sie...» Oder wir erwischen uns bei der Überlegung, ob denn eine Transfrau eine «richtige Frau» ist oder ein Transmann ein «richtiger Mann». Ganz zu schweigen von den handfesten Ausgrenzungen, die Transmenschen weltweit erleben. Ignorieren, verdrängen oder psychiatrisch behandeln – das sind die «zivilisierten» Umgangsformen mit dem Thema.

«Das Geschlecht der Seele» wird deswegen vielleicht nicht unter jedem Weihnachtsbaum landen. Aber ein Buch, das nur für diejenigen wichtig ist, die sich aus persönlicher Betroffenheit für das Thema interessieren, ist es auf gar keinen Fall. Das Buch ist deswegen doppelt wertvoll, weil es erstens den Blick auf Menschen in unserer Gesellschaft lenkt, die «nicht vorgesehen» sind. Weil mancher die Transmenschen vielleicht lieber übersieht, ist es so wichtig, sie sichtbar zu machen.

Tanja Polli und Ursula Markus lassen die elf porträtierten Menschen in Wort und Bild lebendig werden. In eigenen Worten, in Beschreibungen, in Beobachtungen erkennen wir Zeile für Zeile mehr von der Seele, die so lange eingezwängt war. Und in diese Seele scheinen wir durch die wunderbaren Fotos zu blicken, die uns Geschichten aus dem Leben der porträtierten Frauen und Männer erzählen.

Das Buch zwingt uns aber auch, darüber nachzudenken, was «einen Mann» und «eine Frau» überhaupt ausmachen– uns zu fragen «Wann ist ein Mann ein Mann?», «Wann ist eine Frau eine Frau?», aber eben auch «Wann ist ein Mann eine Frau?» und «Wann ist eine Frau ein Mann?». Das sind Fragen mit sehr hoher juristischer und praktischer Relevanz. 2011 hat das Zürcher Obergericht endlich entschieden, dass Transmenschen keine operative Geschlechtsanpassung hinter sich haben müssen, damit ihr amtliches Geschlecht im Zivilstandsregister geändert werden kann. Entscheidend ist heute, dass ein Mensch die dauerhafte Erfahrung macht, im wahren Geschlecht angekommen zu sein, inklusive der äusseren Erscheinung und dem Auftreten mit neuem Namen im privaten und beruflichen Leben.

Wann eine Frau eine Frau ist und ein Mann ein Mann, ist auch eine wichtige gesellschaftliche Frage. Noch immer herrschen in unserer Gesellschaft sehr klare Vorstellungen davon, was «männlich» und was «weiblich» ist, wie «ein Mann» und wie «eine Frau» zu sein haben. Auch wenn man sich noch so sehr bemüht, es nicht zu tun, sucht man auf den Bildern der porträtierten Menschen nach Anhaltspunkten, welche das biologische Geschlecht verraten (der Beruf, Lastwagen-Chauffeuse, oder die feinen Gesichtszüge). Das erschreckt, rüttelt wach und stimmt nachdenklich. Das Buch öffnet unsere Augen und auch den Blick auf die Kinder und ihre Bedürfnisse. Als Präsidentin der Stiftung Kinderschutz Schweiz interessiert mich dieser Blick besonders. Ich habe im Buch Spuren gefunden, die hoffen lassen. Eltern scheinen zunehmend angstfreier und sorgfältiger mit ihren Transkindern umzugehen. Sie suchen zusammen mit ihnen rascher psychologische Hilfe. Geschlechtsangleichende Operationen werden später oder gar nie gemacht. Dies ist möglich, weil die Gesellschaft toleranter geworden ist. Gleiches gilt für Transeltern, die mit ihren Kindern einen anspruchsvollen Weg gehen müssen, wenn aus der Mama plötzlich ein zweiter Papa wird oder umgekehrt.

«Das Geschlecht der Seele» ist ein spannendes, anregendes und wichtiges gesellschaftliches Buch. Es stellt die individuellen Geschichten und Bilder der porträtierten Frauen und Männer in den Vordergrund. Dadurch macht es aufmerksam auf die Anliegen, Probleme und Wünsche von Transmenschen. Es macht aber auch klar, worum es eigentlich geht und gehen sollte: den Menschen, seine Seele und sein ganz individuelles Sein. Losgelöst von Schubladen, Zuschreibung und Normen.

Jacqueline Fehr ist SP-Nationalrätin und Präsidentin der Stiftung Kinderschutz Schweiz.

Interview

Der Basler Psychoanalytiker Udo Rauchfleisch hat den Umgang mit Transmenschen in der Schweiz revolutioniert. Ein Gespräch.

Udo Rauchfleich, beginnen wir ganz vorne. Seit Jahrzehnten setzen Sie sich mit dem Thema Transsexualität auseinander. Wie kam es dazu?

Ich habe das Thema nicht gesucht, es hat mich gefunden. Übrigens spreche ich lieber von Transidentität als von Transsexualität. Letzteres suggeriert, dass es um Sex geht, was ja nicht stimmt. Es geht um Fragen der Identität.

Erstmals damit konfrontiert wurde ich 1971. Ich hatte eben meine Stelle an der Psychiatrischen Universitätspoliklinik Basel angetreten, als mir ein Hausarzt einen «transsexuellen» Mann zur Abklärung überwies. Ich war sehr gespannt auf die Begegnung, beschränkten sich meine bisherigen Erfahrungen mit transidenten Menschen doch auf ein Erlebnis im Studentenheim. Ein Bewohner bugsierte eines Nachts fluchend eine vermeintliche Striptease-Tänzerin aus dem Haus, die sich bei genauerem Hinsehen als Mann herausgestellt hatte.

Im Studium war Transidentität kein Thema?

Doch, ich hatte davon gehört, aber mehrheitlich bizarre Sachen. Die ganze Thematik wurde unter «Raritäten» und «Absurdes» abgehandelt und ohne jegliches Verständnis vermittelt.

Und mit diesem «Wissen» traten Sie damals diesem Mann gegenüber?

Ja, aber auch mit einer gehörigen Portion Offenheit und Neugierde. Viele Kolleginnen und Kollegen wollten mit dieser Thematik nichts zu tun haben, hatten ethische oder moralische Bedenken. Das hatte ich nie. Wobei ich zugeben muss, dass auch ich einen starken Wandel durchgemacht habe. Meine Sicht der Dinge hat sich im Laufe der Zeit wesentlich verändert. Rückblickend muss ich mit Scham bekennen, dass wir früher fast automatisch die Diagnose «Persönlichkeitsstörung» gestellt haben, wenn jemand sagte, er oder sie sei transsexuell.

Nach den gängigen Richtlinien gilt Transidentiät bis heute als Störung der Geschlechtsidentität, also als Krankheit…

Das ist so, aber ich bin heute ganz klar der Meinung, dass das so nicht stimmt. Ich habe Menschen kennengelernt, die psychisch schwer krank sind, aber auch Frauen und Männer, die völlig gesund sind. Transidentität umfasst wie bei Nicht-Transidenten das ganze Spektrum von vollkommener Gesundheit bis zu schwerster Krankheit.

Eine umstrittene These…

Ich weiss, aber für mich ist das unverständlich, denn ich sehe viele Klientinnen und Klienten, bei denen ich sagen muss: bewundernswert, mit welcher Persönlichkeitsstärke sie das alles durchgestanden haben. Jemand, der psychisch krank ist, schafft das nicht.

Wie entsteht denn Ihrer Meinung nach Transidentität?

Dazu gibt es alle möglichen Theorien, aber wirklich schlüssig ist keine. Auch für mich nicht. Es gibt nicht den Transmann oder die Transfrau. Jede Geschichte ist einzigartig und anders, aber zusammenfassend gehe ich davon aus, dass Transidentität eine normale Variante der Geschlechtsidentität ist, eine, die es immer gegeben hat und immer geben wird.

In Ihrem Buch «Transsexualität – Transidentität» vertreten Sie gar die Ansicht, dass viele Transidente auf die geschlechtsangleichende Operation verzichten würden, würde die Gesellschaft toleranter auf Abweichungen vom gängigen Mann/Frau-Schema reagieren.

Ja, das habe ich geschrieben. Ich gebe aber zu, dass das eine sehr theoretische Diskussion ist. So weit wird es wohl nicht kommen. Zwar erlebe ich in den letzten Jahren eine gewisse Öffnung. Es kommen zum Beispiel Eltern mit ihren Kindern und Jugendlichen zu mir, was es in dieser Form früher selten gegeben hat. Trotzdem bin ich skeptisch. Das Pendel kann so schnell zurückschlagen. Das sieht man anschaulich bei der Gleichstellung von Frau und Mann. Da waren wir auch schon einmal weiter... Aber theoretisch ist es doch eine höchst interessante Frage: Was wäre, wenn die Gesellschaft mehrere Varianten der Geschlechtsidentität zulassen würde?

Gewisse Entwicklungen in diese Richtung geschehen ja tatsächlich. In Amerika hat beispielsweise ein Mann ein Kind geboren.

Ou ja, das führte aber zu heftigen Protesten. Wobei dazu erstmal gesagt werden muss, dass ein biologischer Mann bis heute keine Kinder gebären kann. Die weiblichen Fortpflanzungsorgane müssen ja noch vorhanden sein und auch die männlichen Hormone müssen während der Schwangerschaft abgesetzt werden. Man kann also höchstens sagen, dass ein Mensch, der als Mann lebt, ein Kind geboren hat.

Für Sie nichts Problematisches?

Für mich spricht nichts dagegen! Ich rate im umgekehrten Fall, also bei Mann-zu-Frau-Transidenten, sogar dazu, vor der Operation Sperma einfrieren zu lassen. So haben sie später einmal die Möglichkeit, leibliche Kinder zu zeugen.

Jetzt mal unabhängig vom Thema Transsexualität, gibt es für Sie so etwas wie ethische Grenzen?

Natürlich kann man sich fragen, ob alles gemacht werden soll, was technisch möglich ist. Aber ich denke, das ist letzten Endes Ermessenssache und etwas, das jeder für sich persönlich entscheiden muss. Im Rahmen der Transidentität sehe ich diesbezüglich keine Probleme.

Weiss man, wie Kinder auf solche aussergewöhnlichen Verhältnisse reagieren?

Ja, man weiss aus verschiedenen Studien, dass die Kinder von transidenten Eltern keinen psychischen Schaden nehmen. Als ich die erste dieser Studien in die Finger bekam, fand ich das auch interessant. Denn ich stelle mir das schon sehr verwirrend vor, wenn der Vater plötzlich eine Frau ist oder die Mutter ein Mann. Und trotzdem, die Kinder nehmen keinen Schaden. Wenn es gut läuft, reifen sie sogar daran. Natürlich spielt es eine Rolle, wie die Eltern damit umgehen, und ich rate auch dazu, die Kinder psychologisch begleiten zu lassen. Aber grundsätzlich gibt es keinen erwiesenen Grund, irgendwelche Grenzen zu setzen.

Und was sagen Sie all jenen, die sagen, das sei unnatürlich oder gar der Schöpfung ins Handwerk gepfuscht?

Ich habe ein gewisses Verständnis dafür, dass es Ärzte gibt, die Mühe damit haben, einen gesunden Körper zu operieren. Ich habe mich, um diese Frage zu diskutieren, einmal mit Moraltheologen getroffen. Ich erwartete heftigen Widerspruch, aber der kam nicht. Sie sagten, für sie sei das kein Problem. Denn sie sähen Transidentität als Krankheit und damit sei alles, was zur Genesung des Menschen eingesetzt werde, moralisch vertretbar.

Das klingt jetzt alles recht unproblematisch. Trotzdem stelle ich mir vor, dass es sehr belastend sein kann, einen transidenten Menschen zu begutachten. Was immer Sie entscheiden, kann eine schwere Krise auslösen.

Das stimmt. Jede Begutachtung ist mit Verantwortung verbunden und muss darum sehr sorgfältig durchgeführt werden. Aber mich hat das nie furchtbar belastet. Ich sagte mir immer, wenn ein Mensch gut begleitet ist und sich so klar für etwas entscheidet, dann ist das ein lebensgeschlechtlicher Entscheid, der zu respektieren ist. Ich habe für mich nie in Anspruch genommen, jeden dieser Entscheide bis ins letzte Detail durchleuchtet und jede Eventualität abgeschätzt zu haben. Das kann man ja gar nicht.

Haben Sie nie erlebt, dass jemand die Operation später bereut hat?

Doch. Aber das kommt nur sehr selten vor. Ich habe in meiner ganzen Karriere einmal eine Person kennengelernt, bei der die Operation ein katastrophaler Fehler war. Diese Frau war schizophren, und das ist eigentlich ein klarer Grund, nicht zu operieren. Weiter kenne ich eine Frau, die sich nach der Operation in eine Frau verliebt hat. Das irritierte sie so sehr, dass sie plötzlich das Gefühl hatte, sie sei vielleicht doch ein Mann.

Spielt die sexuelle Ausrichtung bei der Begutachtung eine Rolle?

Darüber haben die Transidenten sich früher bei den Gutachtern zumeist ausgeschwiegen. Ich denke zu ihrem Vorteil. Denn, wenn früher ein Mann-zu-Frau-Transidente zu uns gesagt hätte, dass sie nach der Operation eine Beziehung zu einer Frau sucht, hätten wir wohl gesagt, dann könne sie ja den Männerkörper behalten. Man ging davon aus, dass Transidente in der neuen Rolle selbstverständlich eine Beziehung zum Gegengeschlecht suchen. Heute weiss man, dass dies nicht die Realität ist. Im Gegenteil, ein grosser Prozentsatz der Transidenten ändert die sexuelle Ausrichtung nicht, und damit ist die gleichgeschlechtliche Wahl die wesentlich häufigere Variante.

Eine neue Rolle, ein neuer Körper, plötzlich gleichgeschlechtliche Sexualität. Gelingt dieser Schritt in der Regel problemlos?

Ja, absolut. Es erstaunt mich, dass Sie diese Frage stellen. Bei den Mann-zu-Frau-Transidenten gibt es medizinisch nur selten Probleme, im umgekehrten Fall ist es natürlich körperlich schwieriger. Viele Chirurgen erstellen keine Penisplastik, und wenn eine gemacht wird, ist sie ohne Empfindung. Man kann schon sagen, sexuelles Empfinden und auch ein Orgasmus sind nicht an Sexualorgane gebunden, aber es ist doch eine zusätzliche Hürde, wenn die nicht mitspielen.

Was passieren kann, ist, dass die neue Vagina nicht tief genug ist für den Penis eines Partners. Dann sind Offenheit und Ehrlichkeit gefordert. Es braucht dann die Bereitschaft von beiden, einen Weg zu finden, der für beide befriedigend ist. Das gelingt meistens. Unsere Nachexplorationen zeigen, dass sexuelle Probleme selten alleine auftreten. Wenn es nicht klappt, dann sind meist noch andere Schwierigkeiten da.

Man macht also Nachuntersuchungen, in denen man überprüft, wie es den Operierten einige Jahre später geht?

Ja, ich habe das auch gemacht. Eine aufwändige Sache, die sich aber lohnt. Das Resultat meiner ersten grösseren Nachuntersuchung war recht ernüchternd. Ich habe die von uns begutachteten und begleiteten Transmänner und Transfrauen 10, 15 Jahre nach der Operation befragt. Der wichtigste Befund, den wir aus der Befragung ziehen konnten, ist zwar banal, hat aber meine Arbeit geprägt: Es zeigte sich klar, dass es all jenen, die vor Behandlung sozial gut integriert waren, ein gutes Umfeld und eine Ausbildung hatten, nach der Operation gut ging. Vielen sogar deutlich besser. Jenen, die schon vorher eher instabil waren, brachte auch die Operation nicht die gewünschte Besserung.

Was heisst das konkret für Ihre Arbeit?

Dass es mir ausserordentlich wichtig ist, dass das soziale Umfeld stabil ist respektive stabilisiert wird, bevor die Operation zum Thema wird.

Lesbische Transfrauen, heterosexuelle und schwule Transmänner... Gibt es für Sie noch etwas, das Sie als typisch männlich oder typisch weiblich bezeichnen würden?

Ehrlich gesagt, nein. Meiner Meinung nach ist nur ein ganz kleiner Teil unseres Verhaltens genetisch männlich oder weiblich. Der grösste Teil ist uns anerzogen. Ich rate meinen Klientinnen und Klienten daher immer, möglichst Abstand zu nehmen von diesen Kategorien. Sie stiften nur Verwirrung. Das Festhalten an starren Rollenbildern erschwert Transidenten das Leben nur. Darum plädiere ich generell für völlige Offenheit gegenüber allen Möglichkeiten.

Aber gerade Transidente versuchen doch oft, perfekt in das Schema «richtige Frau» oder «richtiger Mann» zu passen.
Das stimmt. Sie haben mich ja vorher nach meinen persönlichen Grenzen gefragt. In diesem Bereich gibt es sie. Für mich ist es äusserst fragwürdig, wenn das vorherige Leben quasi wie ausradiert werden soll. Wenn jemand ein Riesenkerl war, wird er keine zierliche Frau werden. Das ist einfach so, und für mich ist sehr wichtig, dass das in der Vorbereitung klar besprochen wird. Es darf nicht darum gehen, alles zu beseitigen, was gewesen ist.

Das ist für viele Transfrauen, die sich aufgrund ihrer tiefen Stimme diskriminiert fühlen, schwer zu akzeptieren.
Die Stimme ist tatsächlich ein Problem. Mit Logopädie lässt sich einiges bewegen, aber nur in einem gewissen Rahmen. Leider bringen auch die Operationen nur zum Teil etwas. Das sind Dinge, mit denen man sich auseinandersetzen muss, v.a., wenn sich jemand spät für die Operation entscheidet. Den Jugendlichen, die eine Geschlechtsangleichung zur Frau anstreben, gelingt es manchmal erstaunlich gut, die Stimme trotz Stimmbruch hoch zu halten.

Uns hat es sehr erstaunt, dass manche Transidente bereits als Jugendliche den Wunsch äussern, operiert zu werden, andere sich erst mit vierzig, fünfzig oder noch später für eine Geschlechtsangleichung entscheiden. Wie kommt das?
Man spricht dabei von «primärer» und «sekundärer» Transsexualität. Das hat aber nichts damit zu tun, ob die Transsexualität «echt» oder «nicht echt» ist. Ein Kind, das in einer Familie aufwächst, die Verständnis für seine Andersartigkeit hat, wird den Wunsch, im Gegengeschlecht zu leben, viel früher wahrnehmen und äussern als eines, das in einem Umfeld lebt, in dem Transidentität ein Tabu ist. Ist das Milieu sehr intolerant, kann das dazu führen, dass allein der Wunsch, im Gegengeschlecht zu leben, so stark verdrängt wird, dass er gar nie richtig zum Tragen kommt.

In unseren Gesprächen haben wir erfahren, dass viele Transidente auch hier bei uns immer wieder Anfeindungen und Pöbeleien ausgesetzt sind. Praktisch ausschliesslich von Männern. Warum reagieren viele Männer so ablehnend?
Sie sind offensichtlich stark verunsichert, wenn jemand am bestehenden Geschlechtergefüge rüttelt. Vor allem Mann-zu-Frau-Transidente sind natürlich ein Frontalangriff auf die männliche Rolle. Dass einer der eigenen Innung untreu wird, ist scheinbar ein fürchterlicher Affront. Aber diese ablehnenden Reaktionen kennen wir ja auch aus der Emanzipationsbewegung. Es steht halt ein möglicher Machtverlust auf dem Spiel.

Ist das der Grund, warum es deutlich mehr Frauen gibt, die bei ihren transidenten Partnern oder Partnerinnen bleiben als umgekehrt?
Ja, natürlich. Männer, die bleiben, gibt es nach meiner Erfahrung kaum. Das klingt

jetzt sehr plakativ und banal, aber Frauen werden halt dazu erzogen, dass sie Konflikte aushalten, lösen, dass sie dafür sorgen, dass Partnerschaften aufrechterhalten werden. Männer gehen. Auch solche von lesbischen Frauen werfen sofort das Handtuch. Ihre vermeintliche Ehre lässt es schlicht nicht zu, dass eine Frau begehrenswerter sein könnte als sie selber. Frauen schwuler Männer bleiben sehr oft und setzen sich damit auseinander, manchmal über Gebühr. Bei Transidenten ist das genauso.

Zum Schluss noch einmal zurück zur Terminologie. Wir empfinden es als extrem schwierig, Ausdrücke zu finden, die nicht verletzen und doch allgemein verständlich sind. Darf man beispielsweise von Frau-zu-Mann-Transidentität sprechen oder in gewissen Fällen doch von Transsexualität? Das sind die offiziellen Bezeichnungen, aber wie gesagt, ich verwende am liebsten das Wort Transidentität, weil es klar ausdrückt, dass es um die Identität geht, um das Innerste. Aber natürlich hat es keinen Sinn, diesen Ausdruck in einem Kontext zu verwenden, in dem ihn niemand versteht. Ich verwende die offiziellen Begriffe, wenn sie zum Verständnis beitragen. Aber ich verstehe, dass sie Widerstände hervorrufen. Die Wortkombination Mann-zu-Frau transportiert, es seien Männer, die zu Frauen werden, was ja nicht stimmt. Viele meiner Klientinnen wehren sich auch gegen den Ausdruck Transfrau. Sie sagen, ich bin keine Transfrau, ich bin Frau, oder sie sagen, ich war transsexuell, bis ich operiert wurde. Jetzt bin ich es nicht mehr. Das leuchtet mir eigentlich ein.

Udo Rauchfleisch, Dr. phil., ist Psychoanalytiker und emer. Professor für Klinische Psychologie an der Universität Basel und in privater Praxis tätig.

ICH BIN, WAS ICH BIN

ICH
BIN
WAS
ICH
BIN

Sabrina Gubser

Die schöne junge Frau, die in atemberaubend hohen Highheels über den Bahnhofplatz St. Gallen stöckelt, fällt auf. Der kalte Novemberregen prasselt auf ihre nackten Fesseln, Männer werfen ihr begehrliche Blicke zu. Die 21-Jährige scheint sie gar nicht zu bemerken.

In der nahen Bar «Süd» ist Sabrina Gubser ein bekanntes Gesicht. Sabi, die Lebefrau, die früher einmal ein Mann war. «Seit sie in der Zeitung über mich geschrieben haben, bin ich so etwas wie ein Promi», sagt Sabrina Gubser und lacht. Sie werde oft angesprochen und noch viel öfter angeschaut. «Ich liebe das», sagt sie weiter, und: «Es ist definitiv besser, als einfach die Komische zu sein, von der niemand weiss, was mit ihr los ist.» Wenn Sabrina Gubser von sich erzählt, scheint ihre Geschichte glücklich. Der feminine pummelige Junge, der zum schönen Schwan wird. Die Geschichte des unsicheren Jugendlichen, der zur strahlenden Schönheit aufersteht und mit ihrer Offenheit und ihrem Charme allen den Kopf verdreht.

«Es läuft super», sagt Sabrina Gubser, und etwas leiser: «Du hast keine Ahnung, wie viele Männer auf das, was ich bin, stehen.»

Wenn man sich an die Fakten hält, war Sabrinas Leben bisher alles andere als leicht. Sie wächst als Thomas in der kleinen St. Galler Gemeinde Amden auf. Als jüngstes von drei Geschwistern. «Die Frechste und Bestaussehendste der Familie», scherzt Gubser und nippt an ihrem Café Crème.

Bereits im Kindergarten habe sie bemerkt, dass mit ihr etwas nicht stimme. Sie sei ein typisches Pferdemädchen gewesen. Autos und Bagger hätten ihr nie etwas gesagt. In den wenigen Momenten, in denen sie alleine gewesen sei, habe sie sich heimlich als Mädchen verkleidet.

Die Schule fällt Thomas schwer. Er ist unruhig, stört, überfordert mit seiner impulsiven Art auch die Eltern. Mit der Diagnose ADS und Hyperaktivität wird er schliesslich als Zehnjähriger in ein Internat für Kinder in Krisensituationen eingewiesen. «So ein Heim für Behinderte», sagt Sabrina Gubser. Und trotzdem: «Ich habe dort die beste Zeit meines

Lebens verbracht.» Die Leute hätten sie verstanden. Mit 15 kauft sich Sabrina den ersten Lippenstift und beginnt, auch in der Öffentlichkeit Frauenkleider zu tragen. Dann geht alles sehr schnell: Sie verliebt sich unglücklich, erlebt den ersten Liebeskummer, und gleichzeitig verlassen ihre beiden engsten Bezugspersonen das Internat. Sabrina geht es schlecht. Sie hungert sich von 115 auf 38 Kilogramm herunter, beginnt, harte Drogen zu konsumieren und wird schliesslich mehr tot als lebendig in eine Klinik eingewiesen. «Ein Scheissjahr», sagt sie heute knapp. Lieber erzählt sie davon, wie sie sich wieder aufgerappelt hat. Vom Selbstmord eines engen Freundes, der ihr die Augen geöffnet habe. «Mir wurde plötzlich bewusst, was ich meiner Familie antue, meinen Freunden, wenn ich mich so tief sinken lasse.»

Sabrina bleibt längere Zeit in der Klinik, macht einen Entzug und schliesst später eine Lehre zur Industrieschneiderin ab. Sie verlässt den Heimatort, zieht in eine kleine Stadtwohnung in St. Gallen. Einen Job sucht sie bisher vergebens. «Schon zweimal lehnten mich Vorgesetzte ab, weil sie Angst hatten, Kunden könnten negativ auf eine falsche Tussi wie mich reagieren.»

Salopp ausgedrückt ist Sabrina Gubser tatsächlich eine «falsche Tussi». Auch wenn es der perfekt gestylten jungen Frau auf den ersten Blick nicht anzusehen ist: Sabrina Gubser ist eine Frau mit einem männlichen Körper. «Ich hab noch nichts gemacht», sagt sie, hebt den Pullover und präsentiert ihre schmale Taille. Sie habe sogar mit ihrem Schwanz Glück, verrät sie mit einem leisen Lachen, der sei klein genug, um unauffällig in einem Bikini platziert werden zu können.

Im Moment absolviert Sabrina Gubser den sogenannten Alltagstest. Sie lebt rund um die Uhr als Frau und hofft, in einem halben Jahr mit der Hormonkur beginnen zu können. Sie freut sich auf die zweite Pubertät, die sie damit erleben wird, und natürlich darauf, endlich echte Brüste zu bekommen.

Auf die geschlechtsangleichende Operation muss Sabrina Gubser noch länger warten. Die Krankenkassen bezahlen den mehrstündigen Eingriff erst, wenn sie 25 ist. Schlimm? «Nein», versichert Sabrina Gubser. «Ich fühle mich heute schon zu

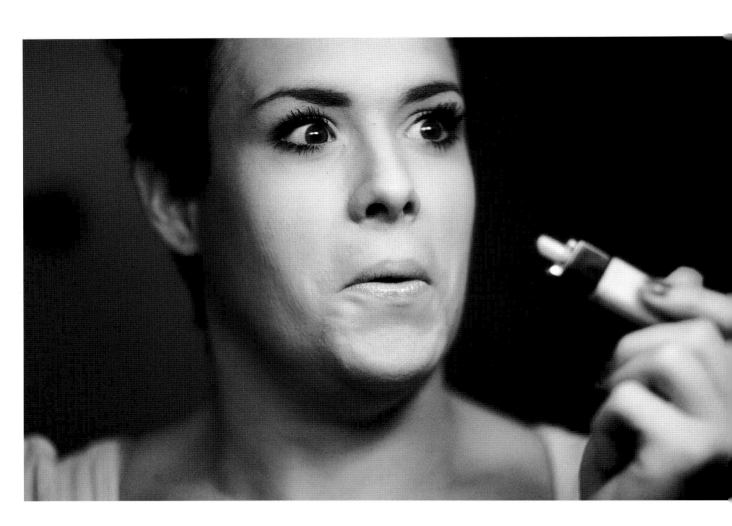

Zum Glück bin ich nöd uf d'Schnurä gheit.

100 Prozent als Frau und muss niemandem etwas beweisen, auch nicht durch eine Operation.» Bedenkzeit zu haben, findet sie wichtig. «Es gibt Transsexuelle, die vorschnell operiert haben. Das ist gefährlich und führt häufig zu Selbstmord.» Ihr werde so etwas nicht passieren, ist sich Gubser sicher.

Einzig das Wissen, dass sie mit der Operation die Fähigkeit, einmal Kinder zu zeugen, verliere, mache sie traurig. «Aber es hat keinen Sinn, darüber nachzudenken. Ich habe eh keine Wahl.»

Sabrina Gubser wirkt selbstbewusst und schutzlos zugleich. Sie ist bereit, alles zu geben, offenbart sich bedenkenlos. Sie zeigt, ohne Fragen zu stellen, ihre Wohnung, den Kleiderschrank, die Bilder aus der Kindheit. Ihre Offenheit ist erfrischend und löst gleichzeitig Unbehagen aus. Wurde ihr Vertrauen noch nie missbraucht?

«Doch, immer wieder», gesteht Sabrina Gubser. Von Männern. Für viele sei sie bloss eine Trophäe, um sie als Mensch gehe es nicht. «Zum Glück bin ich nöd uf d'Schnurä gheit», sagt sie schnell und beteuert: «Ich kann mich wehren.»

Sabrina Gubser zündet sich eine Zigarette an. Mehr als die Männer setze ihr die Arbeitslosigkeit zu. Alle ihre Trans-Freundinnen seien Prostituierte, sagt sie nachdenklich. Sie sagen mir: «Machs doch einfach, dann bist du deine Geldsorgen los.» Aber sie wolle das nicht, wehre sich dagegen, dass das der Platz sei, der die Gesellschaft ihresgleichen zuweise.

Sabrina Gubser hat andere Pläne. Sie will sich weiterbilden, am liebsten in Modedesign oder Schauspielerei. Berufe, die sie ihrem grössten Traum ein Schrittchen näher bringen: ein Leben in Paris. «Ich liebe die Stadt», sagt Sabrina Gubser, «die Leute dort sind viel toleranter und offener gegenüber Menschen wie mir.» Bis es in der Schweiz soweit sei, brauche es noch viel Überzeugungsarbeit. «Solange ich hier lebe, werde ich dafür kämpfen, dass die Leute offener werden», sagt Sabrina Gubser. «Mit meiner Geschichte, mit meinem Gesicht.» Sie zieht ein neues Paar Highheels an, dreht sich vor dem Spiegel und sagt: «Ich bin doch der Typ, der das kann, oder?»

Sabrina Gubser ist Industrieschneiderin und lebt in St. Gallen.

MARIA IST GLÜCK PUR

MARIA IST GLÜCK PUR

Maria Jenzer

Wenn sie lacht, drehen sich die Gäste zu ihr um. Maria Jenzer, «Gastgeberin» des Winterthurer Speiserestaurants Römerpark, ist eine Frau, die mit ihrer Präsenz einen Raum zu füllen vermag. Sie winkt, macht Witze, ist charmant. Ihre Angestellten lässt sie dabei nie aus den Augen. Der Römerpark ist eine Lernwerkstatt für junge Frauen und Männer, die den Anschluss an die Arbeitswelt nicht gefunden haben. Maria Jenzer, Gastrofachfrau, Sozialbegleiterin und Supervisorin, ist die Seele des Hauses. Strenge Chefin und liebevolle Betreuerin in einem. Dass Frau Jenzer früher einmal ein Mann war, wissen hier fast alle. «Wenn jemand ein Problem damit hat, ist es nicht meines», sagt Jenzer und fährt sich bestimmt durchs rot getönte Haar.

In der Vergangenheit wurde es manchmal trotzdem zu ihrem. In Zürich zum Beispiel, wo sich Maria Jenzer vor ein paar Jahren für eine ähnliche Stelle beworben hatte und abgelehnt wurde, weil sie transsexuell ist. Sie klagte und gewann. Die Abfindung schmückt heute Hals und Ohren mit feinen Brillanten. «Es hat eben doch alles sein Gutes», sagt Jenzer lachend und nimmt einen der kleinen Steine in Tränenform in die Hand. Tränen seien sozusagen ihr Markenzeichen, sagt sie, weil die immer grad kullern würden, wenn sie etwas berühre. Eine kleine Geschichte nur. Aber eine, die exemplarisch ist für Jenzers Umgang mit den Unwägbarkeiten ihres Lebens. Sie sei halt lösungsorientiert, sagt sie, und grundsätzlich optimistisch.

Das war schon immer so. Auch in ihrem Leben als Mann. Als Walter war sie, was man landläufig als Macho bezeichnet. Mit 23 eröffnete er ein Dancing. Als einziger Sohn des Dorfwirts übernahm er den elterlichen Betrieb, trat der FDP bei und machte Karriere beim Gewerbeverband. Walter heiratete, wurde Vater und verbrachte seine Freizeit auf grossen Motorrädern oder im Schiessstand.

Und daneben faszinierte den starken Mann die Travestie. Walter Jenzer verwandelte sich regelmässig in eine Frau. Eine erotische Spielart, die nichts mit Walters Alltag zu tun hatte. So lange, bis Maria nicht mehr Walter werden wollte. «Es gab keinen Auslöser, kein Schlüsselerlebnis, nichts», sagt Maria Jenzer und verschränkt ihre grossen und doch zarten Hände auf dem Tisch. «Ich spürte einfach, dass es um meine Identität ging, und damit liess sich nicht mehr spielen.»

Dieses Gefühl sei so durchdringend gewesen, so radikal, dass ihr genau zwei Möglichkeiten geblieben seien: «Entweder, mich umzubringen oder ganz neu anzufangen.» Ganz neu, hiess, das bisherige Leben völlig hinter sich zu lassen. Jenzer trennte sich von allem, verkaufte die Gastrobetriebe, liess sich nach dreissig Jahren Ehe scheiden und verliess das Dorf, das ihm fast fünf Jahrzehnte Heimat gewesen war. Die Erinnerung an diese Zeit rührt Maria Jenzer heute noch zu Tränen. Ihren Wegzug begleitete ein grosser Artikel in der Berner Zeitung: «Walter J., der frühere Kreuzwirt, beginnt mit 52 Jahren ein neues Leben. Er hat sich als Transsexueller geoutet und heisst künftig Maria», titelte das Blatt. Ja, sie hat viele Freunde verloren nach ihrem Coming-out und gleichzeitig auch den neuen Job, den sie in Winterthur noch als Mann angetreten hatte.

Die Beraterin auf dem Arbeitsamt sagte es ihr klipp und klar: «Als fünfzigjährige Frau sind sie auf dem Arbeitsmarkt Müll.» Unvermittelt sah sie sich mit Situationen konfrontiert, über die sie sich früher nie Gedanken gemacht hatte. «Ich bin in kurzer Zeit vom erfolgreichen Heteromann zur arbeitslosen Lesbe geworden», sagt sie. Und weiter: «Es fühlte sich an wie ein Sechser im Lotto.»

Maria Jenzer kämpfte. Sie begann eine Ausbildung zur Sozialbegleiterin und wurde Leiterin eines Erwerbslosenprojekts in Uster. Die Auswirkungen der weiblichen Hormone, die sie inzwischen nahm, beschreibt Jenzer als überwältigend: «Dieser ständige – männliche – Drang nach Sex war weg. Dieser Kippschalter, der nur durch – Entschuldigung – Abspritzen zurückzustellen war.» Sie fühle sich befreit, gelassener, empfindsamer, weicher. «Ich konnte plötzlich auf ein Motorrad steigen und eine Passfahrt machen ohne jeden, der vor mir fuhr, überholen zu müssen.» Eigentlich wünsche sie diese Erfahrung jeder Frau, denn oft frage sie sich, ob andere Frauen überhaupt einen Schimmer davon hätten, wie Männer wirklich funktionieren. «Wenn ich heute auf mein früheres Leben zurückblicke, muss ich sagen, ich war ein Schwein. Auch wenn ich wahrscheinlich einfach nur ein ganz normaler Mann war.»

Sich davon zu verabschieden war für Maria Jenzer Glück pur. «Wenn mich die Angestellte auf der Post darauf aufmerksam machte, dass ich mit dem Pass meines Mannes unterwegs sei, freute ich mich wie ein kleines Kind.» Die geschlechtsangleichende Operation brachte schliesslich Aussen und Innen in Einklang. «Wenn ich in den Spiegel

Elle a forcément un secret.

Da muss was drin sein.

Polizei

Konservativ zu sein, ist nicht per se schlecht.

schaute, wusste ich: Das bin jetzt ich», sagt Jenzer und doppelt nach: «Eigentlich müsste ich dem Herrgott jeden Tag eine Kerze anzünden, dafür, dass ich noch alle Haare auf dem Kopf habe und jetzt aussehe wie eine ganz normale Frau.» Verkleidet zu wirken, wäre ihr ein Gräuel. Schon wegen ihrer Tochter, zu der sie ein gutes Verhältnis hat. Der Enkelin, damals im Kindergarten, erklärte sie die Sache so: Der liebe Gott hat beim Grossdaddy nicht aufgepasst, darum hat es einen Buben statt ein Mädchen gegeben. Und Grossdaddy hat dies jetzt korrigiert. «Dann musst du aber auch das Schnäbi wegmachen», folgerte die Enkelin. «Das stimmt», bestätigte der Grossdaddy, und die Welt war wieder in Ordnung. Schon wieder klingelt Maria Jenzers iPhone. Als Ortsvereinspräsidentin und CVP-Mitglied soll sie eine Rede halten zur Eröffnung eines neuen Stadtparks. «Sicher mache ich das», sagt die sechzigjährige und mit einem Schmunzeln: «Ich werde Frauenthemen ins Zentrum rücken.»

Es gebe Menschen, die fasziniert seien von ihrem Wechsel zum anderen Geschlecht–, vor allem Frauen. Viele wünschten sich, einmal für eine kurze Zeit als Mann durch die Welt gehen zu können. Aber natürlich habe sie es auch mit konservativen Menschen zu tun, die sie nicht verstünden, sagt Jenzer. «Aber konservativ zu sein, ist ja nicht per se schlecht.» Es gebe Menschen, die ihr bewusst aus dem Weg gehen würden und andere, die ihre Transsexualität einfach ausklammerten. «Keine schlechte Strategie, denn nur, weil sie mich in diesem Punkt nicht verstehen, heisst das ja nicht, dass wir nicht gut zusammen arbeiten können.»

Wenn Maria Jenzer auf offenes Unverständnis stösst, versucht sie, es nicht persönlich zu nehmen. «Ich erwarte nicht, dass jeder meinen Weg nachvollziehen kann», sagt sie und erzählt von ihrem Lieblingsbild. Es zeigt einen Menschen auf einer Brücke. Er hat drei Möglichkeiten: Umzukehren, ins Wasser zu springen oder ans andere Ufer zu gehen. Maria hat die Brücke überquert. Mit einem Blick zum Himmel sagt sie: «Es ist fantastisch und erweitert den Horizont ungemein.»

Maria Jenzer ist Sozialbegleiterin, Supervisorin und Wirtin. Sie lebt in Winterthur.

END-
LICH
GANZ
ICH
SELBST

SELBST
ICH
GANG
HOCH
-END

Niklaus Flütsch

«Warum muss die Rolle an die äusseren Geschlechtsmerkmale gebunden sein? Unsere Gesellschaft tut sich sehr schwer damit, anzuerkennen, dass diese zweigeteilte Geschlechtervorstellung eigentlich konstruiert ist. Die Biologie ist vielfältiger. Wissenschaftlich betrachtet, sind Geschlechter doch einfach Tendenzen. Es gibt sehr männliche Frauen und sehr weibliche Männer. Es gibt sowohl auf hormoneller als auch auf körperlicher Ebene nicht selten Überschneidungen. Wäre darum eine Gesellschaft, in der man sein Geschlecht frei wählen kann, nicht viel ehrlicher und freier?

Ich war etwa vier Jahre alt, als mir zum ersten Mal bewusst wurde, dass ich mit den falschen Geschlechtsorganen auf die Welt gekommen bin. In meinem kindlichen Denken war ich überzeugt, dass man das korrigieren könne. Ich liess mir die Haare bubenhaft kurz schneiden, in der Hoffnung, dass mir deswegen ein Penis wächst. Leider wurde ich vom Leben eines Besseren belehrt.

Meine Eltern erzogen mich sehr fortschrittlich. Darum hielten sich die Probleme mit meinem Anderssein in meiner Kindheit in Grenzen. Ich trug immer Hosen, rannte im Schwimmbad oben ohne herum und spielte am liebsten mit meinen beiden Cousins auf dem Bauernhof. Dieses unbeschwerte Leben fand in der Pubertät ein jähes Ende. Mit den offensichtlichen körperlichen Veränderungen konnte ich meiner Weiblichkeit nicht mehr ausweichen. Es ging mir psychisch immer schlechter und ich musste mich wegen Depressionen psychiatrisch behandeln lassen. In der Zürcher Lesbenszene fand ich schliesslich Menschen, von denen ich mich verstanden fühlte.

Das Phänomen Transsexualität begegnete mir erst später im Medizinstudium. Damals in den Achtzigerjahren war man der Überzeugung, dass es sich dabei um eine Persönlichkeitsstörung handle. Geschlechtsanpassende Operationen zog man nur in Betracht, wenn eine Psychotherapie erfolglos blieb oder eine Patientin, ein Patient mit Selbstmord drohte. Das passte für mich nicht. Ich fühlte mich absolut gesund.

Ich versuchte, meine körperliche Inkongruenz mit Sport und Arbeit zu kompensieren. Die sportliche Aktivität half mir, meinen androgynen und muskulösen Körper zu behalten, und ich stürzte mich in die Arbeit, was man ja als Mediziner sehr gut kann. Ich

begann mich aber auch für die spirituellen Aspekte des Lebens zu interessieren, praktizierte Zen-Meditation, nicht zuletzt in der Hoffnung, damit meine körperlich-seelische Zerrissenheit vergessen zu können.

Irgendwann tauchte die Frage auf, wie lange ich diese Ungereimtheit in meinem Leben noch ertragen würde. Ich hatte inzwischen eine eigene Praxis und meine Karrierepläne hatten sich erfüllt. Das Gefühl, nicht mein eigenes Leben zu leben, liess sich nicht mehr verdrängen. Ich fragte mich, wem zuliebe ich mich eigentlich dauernd bemühte, als Frau zu leben, obwohl ich das gar nicht bin. Plötzlich wagte ich es, mir selber die grosse Frage zu stellen: Muss sich eigentlich die Seele immer dem Körper anpassen oder kann sich nicht einfach der Körper der Seele anpassen? Die Würfel waren gefallen. Ein Coming-out als transsexueller Mann mit 45 Jahren ist eine Herausforderung. Obwohl meine Familie nach der ersten Überraschung sehr offen und unterstützend reagiert hat, zwang mich mein Entscheid zu einigen Veränderungen. Ich habe mich zum Beispiel entschieden, aus unserer Gemeinschaftspraxis auszuscheiden und wieder zurück in eine Klinik zu gehen.

Zum Abschied hab ich meinen Patientinnen einen Brief geschrieben. Gleichzeitig habe ich die Belegschaft des Zuger Kantonsspitals informiert und mit ihnen die frei praktizierende Ärzteschaft. Obwohl ich auf sehr viel Akzeptanz und Toleranz gestossen bin, war diese Phase des Coming-outs die schwierigste und nervenaufreibendste Zeit meines Lebens.

Dass ich sehr offen mit meiner Geschichte umgegangen bin, hat sich letztlich positiv auf mein berufliches und privates Umfeld ausgewirkt. Ich bekam sehr viele schöne und berührende Feedbacks, und viele meiner Patientinnen wollten mich weiterhin als ihren Arzt. Auch die Klinikleitung und meine damalige Chefärztin standen voll hinter mir. Für sie alle stand nicht mein Wandel, sondern ich als Mensch im Vordergrund.

Natürlich hätte ich einfach ein paar Monate verschwinden können und mich nach meiner Geschlechtsanpassung als Mann in irgendeinem Spital anstellen lassen können.

Ich wollte das nicht. Denn dieses Versteckspiel ist für uns Transsexuelle nicht förderlich. Unser Thema ist in unserer Gesellschaft immer noch zu stark tabuisiert. Wenn wir daran etwas ändern wollen, müssen wir selber die Kohlen aus dem Feuer holen. Wenn wir nicht hinstehen und für Akzeptanz und Toleranz einstehen, tut es wohl auch sonst niemand.

Ich habe meinen Schritt nie bereut. Aus heutiger Sicht denke ich, ich hätte ihn schon viel früher wagen können. Vielleicht hätte mir damals die innere Stärke gefehlt, und die braucht es definitiv. Natürlich hatte ich Zweifel vor meinem Coming-out: Werde ich je wieder einen Partner finden? Werde ich meine Freunde verlieren, meine Familie?

Mit dem Coming-out als transsexueller Sohn zwingt man auch die Eltern, Geschwister und andere Familienangehörige, sich zu outen. Und das fordert sehr viel Stärke und Mut. Ich bin in der glücklichen Lage, dass mich meine Familie und meine Freunde immer unterstützt haben. Ich weiss aber, dass das bei anderen Menschen in meiner Situation nicht immer der Fall ist.

Heute arbeite ich als Oberarzt in der Frauenklinik des Stadtspitals Triemli in Zürich. Neben meiner regulären Tätigkeit als Gynäkologe und Geburtshelfer leite ich eine Sprechstunde für transsexuelle Menschen. Viele Transmänner und -frauen gehen nur sehr ungern zu einem «normalen» Gynäkologen. Viele Ärzte sind mit der ungewohnten Situation überfordert und reagieren dementsprechend. Das führt dazu, dass viele transsexuelle Menschen medizinisch unterversorgt sind und Gefahr laufen, krank zu werden. Mit dieser Sprechstunde habe ich ein niederschwelliges Angebot geschaffen, mit dem transsexuelle Menschen ohne grosse Erklärungen rasch und kompetent zu medizinischer Hilfe kommen.

Für mich persönlich ist es jetzt, da mein Körper zu meiner Seele passt und meine Männlichkeit auch äusserlich immer sichtbarer wird, unwichtig geworden, mich einem Geschlecht zuordnen zu können. Ich habe mich nie als Frau gefühlt und fühle mich jetzt nicht als Mann. Dafür bin ich endlich ganz ich selbst.»

Niklaus Flütsch ist Gynäkologe und Oberarzt in der Frauenklinik Triemli in Zürich.

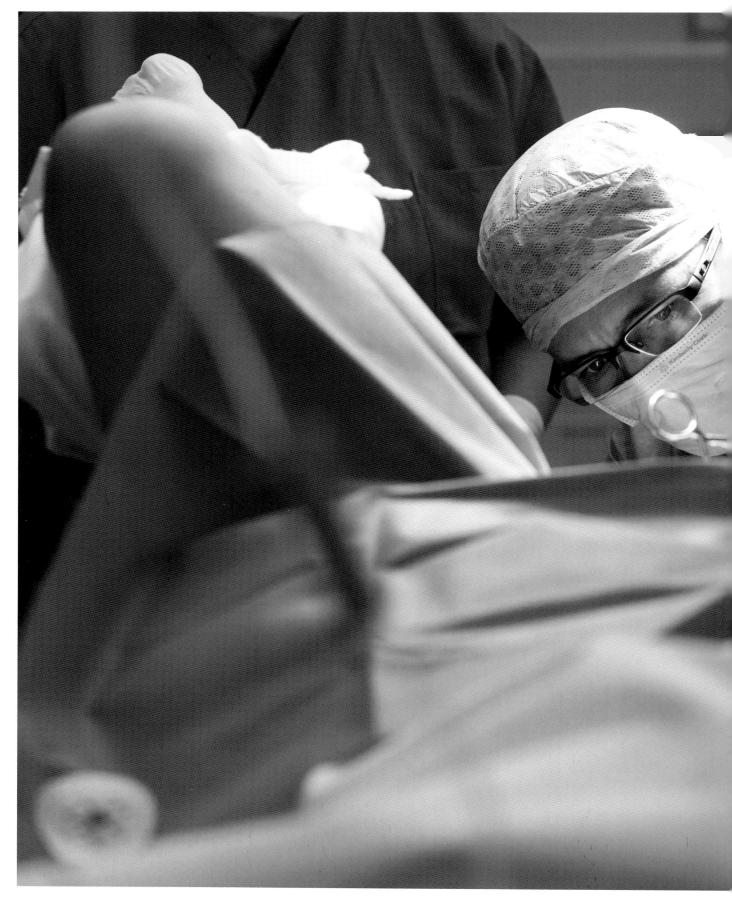

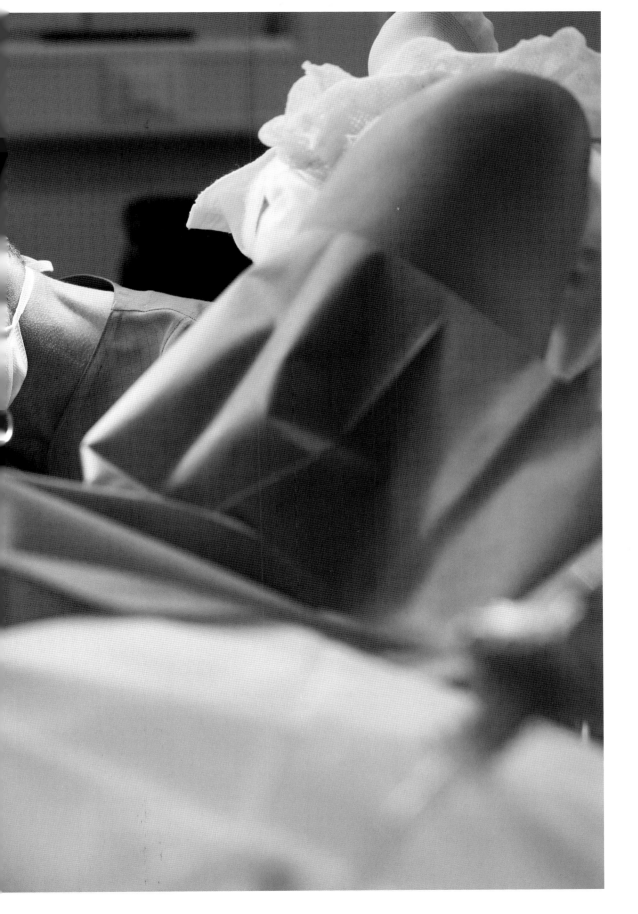

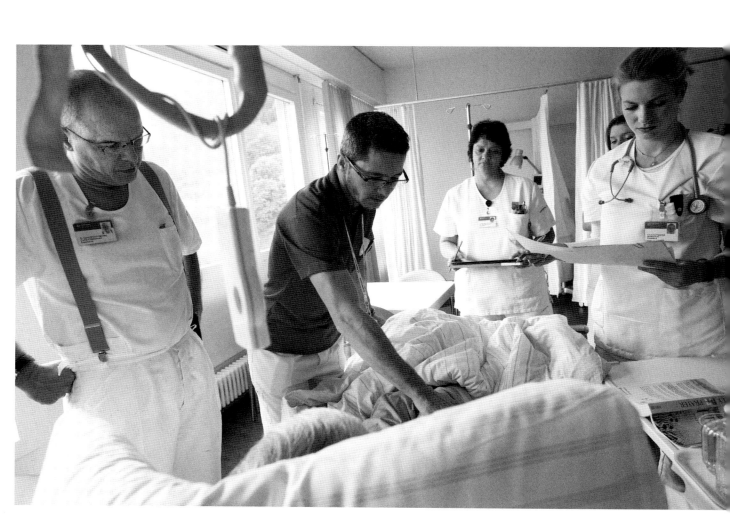

Die Chefin

«Als Niklaus Flütsch sich bei uns beworben hat, stand er ganz am Anfang seines Rollenwechsels. Die Zeugnisse und Referenzen, die er uns geschickt hatte, lauteten auf seinen Frauennamen. Im Bewerbungsbrief schrieb Niklaus Flütsch, dass er bei uns als Mann angestellt werden möchte. Natürlich bekomme ich nicht jeden Tag solche Post, und natürlich löst eine solche Bewerbung Fragen aus.

Ich habe im Bekanntenkreis zwei Menschen, die einen Sexchange gemacht haben. Beide waren und sind psychisch sehr belastet. Es wäre also gelogen, wenn ich behaupten würde, ich hätte überhaupt keine Bedenken gehabt. Die Referenzen, die ich über Niklaus Flütsch einholte, beruhigten mich aber sofort. Sowohl ehemalige Vorgesetzte, Patientinnen als auch Kolleginnen schwärmten gleichermassen von ihm. Alle lobten seine Menschlichkeit und seine fachliche Kompetenz. Würde er als Mann genauso positiv wahrgenommen werden?

Die erste persönliche Begegnung mit Niklaus Flütsch hat mir alle Ängste genommen. Ich spürte gleich, dass dieser hoch differenzierte Mensch eine grosse Bereicherung für unser Team werden würde. Und, etwas salopp gesagt: Es ist für mich als Klinikleiterin natürlich ein grosses Glück, jemanden mit einem so reichen Erfahrungsschatz verpflichten zu können, ganz unabhängig von seinem Geschlecht.

In der Praxis war dann alles sehr viel einfacher, als ich mir ausgemalt hatte. Ich nahm Niklaus Flütsch von Anfang an als Mann wahr und seine Klarheit und Offenheit hat alles sehr erleichtert. Wir sprachen mit der Personalabteilung und Niklaus wurde bei seinem Stellenantritt sowohl dem Personal als auch den Patientinnen als «Herr Dr. Flütsch» vorgestellt. Ich bin ehrlich gesagt davon ausgegangen, dass seine Anstellung Fragen aufwerfen würde. Denn zu Beginn seiner Tätigkeit bei uns war er noch ein sehr weiblicher Mann. Es kam dann aber ganz anders, bereits am ersten Weihnachtsessen wurde er von unserem mehrheitlich weiblichen Personal ganz offensichtlich als attraktiver Mann wahrgenommen und dementsprechend umschwärmt, und kurze Zeit später weigerte sich eine Patientin, von ihm untersucht zu werden – eben weil er ein Mann ist...»

Stephanie von Orelli ist Gynäkologin und Co-Chefärztin der Frauenklinik Triemli in Zürich. Sie hat den Gynäkologen Niklaus Flütsch in ihr Team geholt.

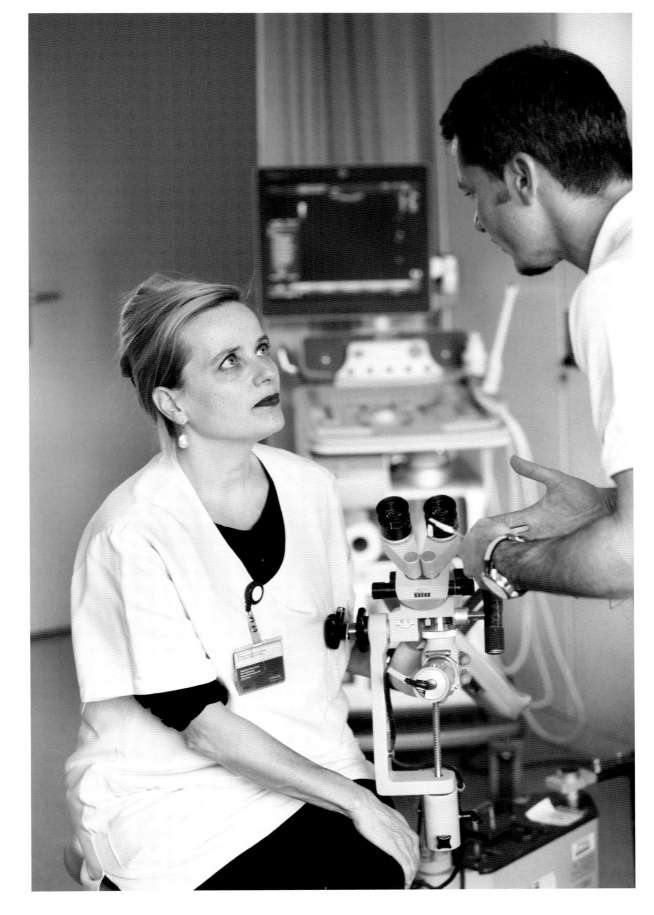

ES GIBT VIEL ZU TUN

ES GIBT VIEL ZUTUN

Esther Brunner

Nein, sie sei kein mutiger Mensch, sagt Esther Brunner und fügt an: «Öffentliche Auftritte liegen mir eigentlich nicht.» Wir treffen die 34-jährige Webdesignerin an der Gründungsparty des Transgender Network Switzerland (TGNS) im Berner Kulturzentrum Reitschule. «Trans dich glücklich und feiere mit uns die Gründung der ersten gesamtschweizerischen Lobbyorganisation für Transmenschen», stand auf der Einladung. Um 8 Uhr ist der Saal noch leer, auf der Bühne probt eine schwule Punkband für den bevorstehenden Auftritt, auf der Tanzfläche übt eine Gruppe Dragkings ihre Tanzschritte ein.

Esther Brunner ist im Vorstand des TGNS. Sie ist hier, um sich für die Verbesserung der rechtlichen und sozialen Situation von Transmenschen zu engagieren und die Öffentlichkeit für diese Anliegen zu sensibilisieren. Das habe aber mehr mit Unerschrockenheit zu tun als mit Mut, erklärt sie noch einmal lachend. «Ich mache, was ich für richtig halte, und bin im Nachhinein überrascht, was ich damit ausgelöst habe.» So wie im Jahr 2003, als sich der damals 27-jährige Philosophiestudent Christian Brunner auf die Nationalratsliste der Jungsozialisten setzen liess – als Esther Brunner. «Ich wollte mich mit dem Namen, unter dem mich die meisten Leute kannten, wählen lassen, und das war Esther», sagt Brunner. Bereits drei Jahre vorher hatte sie ihrer Familie am Weihnachtsfest eröffnet, dass sie als Frau leben und Esther genannt werden möchte. «Ich versuchte eine Zeitlang, mit dem weiblichen und dem männlichen Vornamen zu leben, um beide Seiten, die ich in mir habe, gleichberechtigt leben zu können», sagt sie. «Aber ich merkte schnell, dass ich damit mein Umfeld und mich selber überforderte.» Esther entschied sich für die Frauenrolle, färbte sich die Haare rot, ging in Frauenkleidern zur Universität und politisierte als Esther. Für ihre Mitstudentinnen und Mitstudenten sowie ihre Partei kein Problem, für die Behörden sehr wohl. Ihre Kandidatur sei ungültig, befand das statistische Amt und zog die Wahlzettel kurzerhand aus dem Verkehr. Das Schweizer Fernsehen rückte auf den Plan, Zeitungen, Radiostationen. Esther Brunner blieb dran. Sie rekurrierte und gewann. «Sie mussten alle Wahlzettel noch einmal drucken», sagt sie. Ganz ohne Häme und faszinierend unaufgeregt.

Das geht so nicht.

«Unaufgeregt» – ein Wort, das zu der grossgewachsenen Frau mit dem forschenden Blick passt, wie wohl kein anderes. Esther Brunner ist und macht. Ihre Anliegen formuliert sie sicher und klar, was sie sagt, ist durchdacht. Man spürt ihr Engagement in der Sache, aber auch eine grosse Zuversicht und Gelassenheit. Ihr Outfit für die Gründungsparty besteht aus beigen Trekkinghosen und einem feinkarierten Kurzarmhemd.

Der Frauenraum der Berner Reitschule hat sich inzwischen auch mit Transvestiten gefüllt. Männerbeine in mitunter sehr kurzen Röcken, Bartschatten unter sorgsam aufgetragenem Makeup, Highheels und üppige Lockenperücken prägen das Bild. Aber auch zarte junge Männer – oder Frauen? – in Baggy-Jeans und schweren Lederschuhen bewegen sich zaghaft auf der Tanzfläche. Esther Brunner ist ungeschminkt und sagt: «Wenn ich nicht wie eine Tussi rumlaufen muss, dann mache ich es auch nicht.» Jahrelang hätte sie das Gefühl gehabt, Mann spielen zu müssen, «mich jetzt als Frau wieder irgendwie verkleiden zu müssen, wäre zwar das kleinere Übel, aber ich will auch das nicht.»

Äusserlichkeiten interessieren Esther Brunner grundsätzlich nicht, «mich faszinieren die Ideen eines Menschen, nicht seine Hülle», sagt sie. Einzig für Kundengespräche in der Zürcher Webagentur, in der sie arbeitet, macht sie Konzessionen. Diskriminiert werde sie wegen ihres androgynen Auftretens nicht, sagt Brunner weiter. «In den letzten Jahren hat sich die Situation von Transsexuellen durch die Medienpräsenz des Themas massiv verbessert.» Es gäbe zwar viele Leute mit neugierigen Fragen, aber daran gewöhne man sich.

Esther Brunner wird auf die Bühne gerufen. Der Vorstand der Lobbyorganisation stellt sich vor. «Bei wem steht ein falscher Namen im Pass?», fragt Alecs Recher, Transmann und Präsident des TNGS, das Publikum. Zahlreiche Hände erheben sich. «Wer hat ein Problem mit seiner Krankenkasse?», fragt er weiter, die Zahl der aufgestreckten Hände verdoppelt sich.

Alecs Recher spricht an, wofür sich auch Esther Brunner als Vorstandsmitglied starkmachen will: für die Verbesserung der zivilstandsrechtlichen Situation von Transmenschen. «Es darf nicht sein, dass die Anerkennung des neuen Geschlechts davon abhängt, welche medizinischen Massnahmen man über sich ergehen lässt», sagt sie später zurück in der Lounge. «Wir wünschen uns eine Zwischenlösung, die auch jenen Menschen ein würdiges Leben ermöglicht, die

nicht oder noch nicht operiert sind.» Die heutige Praxis, nach der man den neuen Vornamen erst benützen darf, wenn man komplett operiert ist, führe dazu, dass man in den Monaten, mitunter Jahren des Schwebezustandes jedem Post- oder Bankmitarbeiter seine Lebensgeschichte erzählen müsse. «Das geht so nicht.» Die Frage, wie das in der Praxis funktionieren soll, wenn biologische Männer in ihren Ausweisen einen Frauennamen haben, hat sie erwartet. Sie kennt die Ängste, die diese Ideen auslösen. «Die Befürchtung, dass gewisse Männer solche Zwischenlösungen ausnützen könnten, um sich in Frauengarderoben rumzutreiben, ist unbegründet», sagt sie.

«Niemand setzt sein ganzes bisheriges Leben aufs Spiel, nur um ein paar nackte Frauen zu sehen.» Denn es gehe um alles oder nichts in einer solchen Situation, sagt sie. «Ich hatte Panik, meinen Job, meine Familie, meine Beziehung zu verlieren oder gar für verrückt erklärt zu werden», erinnert sie sich an ihr eigenes Coming-out. Zusätzliche Schikanen seien in einer solchen Zeit wirklich nicht nötig. Und als solche empfinden viele Transmenschen, dass sie trotz eines anderslautenden Gerichtsentscheides nach wie vor fast zwei Jahre in der angestrebten Rolle leben müssen, bevor die Krankenkasse die Operation bezahlt. Oder, dass sie die Operation in der Schweiz machen lassen müssen, obwohl es im Ausland Kliniken gibt, die über viel mehr Erfahrung verfügen und erst noch zu einem Bruchteil des Preises behandeln.

Für Transmänner ist die Lage noch schwieriger. Die Operationsmethoden, die ihnen zur Verfügung stehen, sind unausgereift. Trotzdem fordert das Gesetz, dass sie sich die weiblichen Fortpflanzungsorgane entfernen lassen müssen, um als Männer anerkannt zu werden. «Es gibt viel zu tun», folgert Esther Brunner. Die Gründung einer Lobbyorganisation sei ein wichtiger Schritt in die richtige Richtung.

In zehn Jahren, glaubt sie, habe sich die Situation für Transmenschen deutlich verbessert: «Wir sind eine Minderheit, die grosse Sympathien geniesst. Wir gehen einen ungewöhnlichen Weg, aber wer genauer hinsieht, merkt, dass wir ganz normale Menschen sind, die niemandem etwas zuleide tun.»

Esther Brunner ist Interface-Designerin und Bloggerin und wohnt in Winterthur.

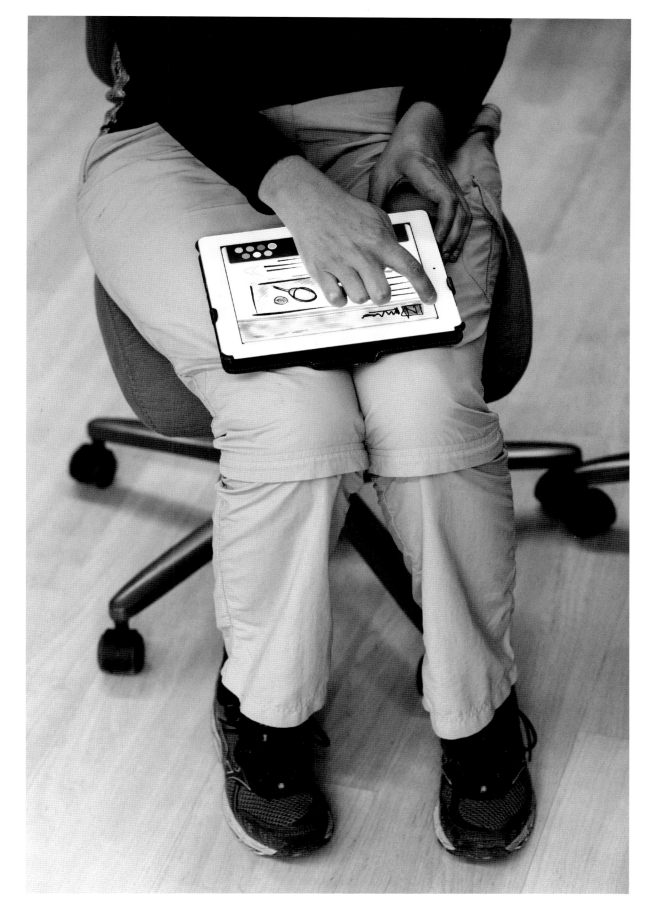

ICH BIN EINE DAME VON WELT

ICH BIN EINE DAME VON WEIT

Diana Dupuy

«Ich musste Prostituierte werden, um meine Operation bezahlen zu können. Vor dreissig Jahren zahlte keine Krankenkasse. So ist das Leben. Ohne Fleiss kein Preis, Darling. Wenn ich heute etwas rückgängig machen könnte, dann den Einstieg in diesen Beruf. Aber damals sah ich keine andere Lösung. Ich war Steward bei einer Schweizer Fluggesellschaft. Meine Arbeitskolleginnen wussten, wie es um mich steht, aber vor den Passagieren musste ich mich verstellen. Tag für Tag. Irgendwann hielt ich es nicht mehr aus. Ich wusste: entweder die OP oder ein Leben im Unglück. Die ganzen Therapien hatte ich schnell durch. Die Brüste liess ich in Berlin machen, die Nase in Tel Aviv und den Rest in England. Die waren damals führend, machten viel tiefere Vaginas als die Ärzte hier. Ich wollte keine, mit der ich jeden gut gebauten Mann ablehnen müsste. Wenn du weisst, was ich meine.

Ich glaube, wenn die Leute wüssten, wie viel Überwindung das alles kostet, würden sie uns mit mehr Respekt behandeln. Wenn du dir das Ding da unten abschneiden lässt, dann hast du vor nichts mehr Angst. Das ist ein grosser Schritt, der nur übersteht, wer einen starken Charakter hat.

Ich hatte ganz einfach Pech. Nach der Operation plagten mich unerträgliche Schmerzen. Ich schluckte Morphium wie Bonbons. Erst Jahre und dreissig Operationen später bemerkte endlich ein Arzt, dass bei mir alles verwachsen ist. Der ganze Bauchraum. Das ist das Problem bei uns. Wenn wir über Schmerzen klagen, denkt jeder Arzt: «Das ist eine Transe, bei der ist das doch psychisch.» Keiner schaut richtig hin.

Dieselbe Erfahrung machte ich bei der Jobsuche. Ich spreche neun Sprachen, kann mich in jeder Gesellschaft bewegen. Wäre ich nicht transsexuell, hätte ich mit meinen Fähigkeiten Karriere machen können, aber das interessiert keinen. Mir blieb nur das Milieu. Als normale Prostituierte konnte ich wegen der Schmerzen nach der Operation nicht

mehr arbeiten. Darum habe ich mich als Domina spezialisiert. Ich ging in Hamburg bei einer Erst-Klass-Domina in die Lehre. Ich lernte Goebbels-Deutsch und Hitler-Deutsch. Männer, die auf das stehen, gibt es ja genug. Wenn die Leute wüssten, was die Typen, die unser Land regieren, in ihrer Freizeit tun, würden sie erschrecken. Ehrlich gesagt, da stimmt doch etwas nicht mit einer Gesellschaft, wenn solche Männer es an die Spitze schaffen. Da hab ich Fragen, aber es ist die Realität. Natürlich verliert man die Achtung vor diesen Männern, aber das darf man nie zeigen. Du musst jedem die Illusion lassen, er sei der Grösste und der Beste, dann läuft der Laden. Dass ich eine Transfrau bin, war in diesem Business kein Problem. Im Gegenteil. Viele suchen genau das, den doppelten Reiz, auch wenn sie das nie zugeben würden.

Geld spielt in diesem Geschäft keine Rolle. Unter 1000 Franken lief bei mir gar nichts. Das Haus, in dem ich heute mit meiner Mutter lebe, haben diese Männer bezahlt. Immerhin, sage ich mir. Denn es war eine harte Zeit. Die Konkurrenz unter den Frauen ist gross und es gab immer wieder solche, die versuchten, mir die Freier abspenstig zu machen, indem sie jedem sagten, ich sei «eine Umgebaute». Zum Glück kann ich mich mit weiblichen und männlichen Waffen wehren. Das ist unser Vorteil. Wir werden mit einem weiblichen Hirn geboren und trotzdem als Männer erzogen. Darum trauen wir uns mehr zu. Wir sehen ein Problem von allen Seiten. That's the problem, Darling, gäll. The problem for them.

Ich zieh den Kopf nicht ein, wenn einer Probleme macht. Ich bin die Tessiner Lara Croft. In meiner Handtasche habe ich eine Pistole. Sie schiesst nur für gute Zwecke. Einmal wollte mich einer vergewaltigen. Da habe ich ihm in die Beine geschossen. Er wurde noch aggressiver. Da nahm ich sie halt noch einmal hoch und zielte ein zweites Mal. Das macht mir dann gar nichts aus. Der ist dann so schnell gerannt, wie ich noch nie

Ich zieh den Kopf nicht ein.

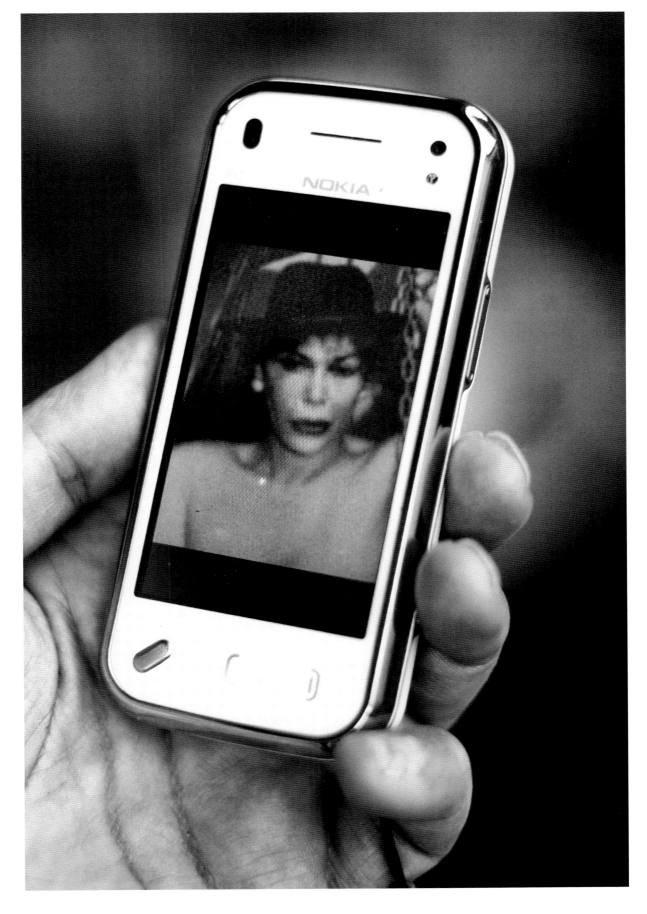

jemanden habe rennen sehen. So einer ist bei mir an der falschen Adresse. Ich wehre mich, wenn es nötig ist. Vor drei Wochen zum Beispiel bin ich mit meiner Mutter in einer Cafeteria gesessen. Da war ein Paar, das Streit hatte. Der Mann schlug die Frau mit den Fäusten ins Gesicht. Niemand half ihr. An der Bar sassen zehn Männer. Keiner tat etwas. Da ging halt ich dazwischen. Den Feiglingen an der Bar sagte ich meine Meinung. Das sind doch weder Männer noch Tiere. Jeder Eber, jeder Hund hat mehr Hirn und Eier als solche Pfeifen. Vor solchen Typen habe ich keine Angst. Warum sollte ich? Chasch mer das sägä, Schatz?

Lange halte ich es hier nicht mehr aus. Das Tessin ist katastrophal konservativ. Ich bin eine Dame von Welt. Tschuldigung. Das kleinbürgerliche Mittelalter ist nicht mein Ding. Vielleicht versuch ichs mit einem Neustart in Australien, vermiete mein Haus, suche mir einen Mann. Heiraten würd ich nur einen mit einem vollen Bankkonto. Die Liebe geht, sag ich, die Kohle bleibt. So ist das eben. Ich habe gesehen, wie die Männer mit ihren ‹richtigen› Frauen umgehen. Was kann dann eine wie ich schon erwarten?»

Diana Dupuy ist ehemaliger Steward, arbeitete als Domina in Hamburg und lebt heute im Tessin.

GOTT, WARUM IST DAS SO?

GOTT, WARUM IST DAS SO?

Monica Ramasami

«Als ich mich als 18-Jährige entschied, mich von meinem ungeliebten Körper zu verabschieden, existierte in Malaysia, wo ich geboren wurde, nicht einmal der Begriff Transsexualität. So etwas gab es in diesem muslimischen Land nicht.

Ich erinnere mich schmerzhaft an den Moment, in dem ich mich im Spiegel erkannte und merkte, dass da etwas zwischen meinen Beinen ist, das da nicht hingehört. «Gott», fragte ich, «warum ist das so?»

Erst als Jugendliche lernte ich Gleichgesinnte kennen. Wir alle waren hilflos und alleine mit unserem Problem. Verstanden hat uns niemand. Wenn ich öffentlich darüber sprach, musste ich mir Sprüche anhören, wie: «Mach erst mal Militär, das wird dich heilen.» Wissen Sie, was ich darauf geantwortet habe? «Blas doch mal ein paar hundert Männern einen, dann wirst du vielleicht eine Frau!»

Ich wuchs in einer glücklichen kleinen Familie auf. Meine Mutter war Hebamme, mein Vater Arzt und Heiler. Er starb 45 Tage nach meiner Geburt. Obwohl ich ihn vermisste, war ich ein fröhliches Kind, der Sonnenschein der Familie. Meine Grossmutter nannte mich Regenbogen.

Als ich meiner Mutter eröffnete, dass ich als Frau leben möchte, schlug sie mich. Nicht, weil sie ihren Sohn verlieren würde, sondern weil sie es nicht erstrebenswert fand, als Frau zu leben. «Ein Frauenleben ist voller Leiden und Schmerzen», sagte sie. Ich verstand damals nicht, was sie meinte.

Es war Mitte der Siebzigerjahre, ich war damals knapp zwanzig, als ich in einer Zeitschrift von einem Arzt in Singapur las, der ein Baby, das ohne eindeutiges Geschlecht zur Welt gekommen war, zum Mädchen operiert hat.

Ich und einige Gleichgesinnte setzten unsere ganze Hoffnung in diesen Mann. Zu neunt reisten wir nach Singapur. Jede von uns hatte ein Messer dabei. Wir fanden den Arzt in seiner Klinik, stellten uns vor ihm auf und forderten ihn auf, uns zu operieren. Werde er es nicht tun, drohten wir, würden wir uns alle umbringen. Der Arme war total überfordert. Sagte, dass die rechtliche Grundlage für eine solche Operation fehle und

Gute Männer sind selten.

dass er so etwas noch nie gemacht habe. Wir baten ihn, uns als seine Versuchskaninchen zu nehmen, aber er bestand darauf, dass wir uns dafür einsetzten, eine gesetzliche Grundlage zu schaffen. Wir blieben in Singapur. Vier Jahre lang. Stellten uns der psychiatrischen Begutachtung. Es war die Hölle, psychische Folter. Im Laufe der Zeit bekamen wir wenigstens weibliche Hormone.

Die Zeit schien endlos. Eines Tages rief man mich in ein Behandlungszimmer. Da sass eine ganze Gruppe Ärzte. Auf dem Tisch stand ein Blumenstrauss. Man begrüsste mich mit Miss Monica und ich wusste, dass ich es geschafft hatte. Meine erste Reaktion war ein totaler Zusammenbruch. Ich schrie und weinte. Mein Psychiater entschuldigte sich bei mir. «Sie sind eine Frau», sagte er, und es tue ihm leid, dass er mich so lange gequält habe.

Ein paar Tage später trat ich in die Klinik ein, um auf die Operation vorbereitet zu werden. Wenige Stunden vor dem geplanten Termin stand der Chirurg neben meinem Bett. Er hielt meine Hand und versuchte noch einmal, mich von meinem Vorhaben abzuhalten. Er sagte, ich sei so hübsch und er habe keine Erfahrung mit solchen Operationen und könne mir nicht garantieren, dass ich den Eingriff überleben werde. Ich zweifelte keinen Moment. Alles, was ich ihm noch sagen wollte, war, dass ich, sollte ich sterben, als Mädchen beerdigt werden möchte...

Wir haben alle überlebt. Auch wenn die Schmerzen höllisch waren. Ich war 75 Kilo schwer, als ich in die Klinik eingetreten bin, kurze Zeit nach der Operation wog ich noch 45 Kilogramm. Die ersten Monate nach der OP konnte ich mein Bett nicht verlassen. Trotz hoher Dosen Morphium hatte ich Tag und Nacht quälende Schmerzen. Auch Monate später lief ich immer noch wie eine angeschossene Ente. Bereut habe ich den Eingriff trotz allem nie.

Die Befreiung meiner Seele setzte ungeheure Kräfte frei, die ich bis heute für Menschen in Not einsetzen kann. In Malaysia arbeitete ich als Sozialarbeiterin in der Aidshilfe. Seit ich in der Schweiz lebe, reise ich immer wieder um die Welt, um mich für die Rechte

Transidenter einzusetzen. Hier unterrichte ich junge Frauen in klassisch indischem Tanz und berate transsexuelle Frauen. Ich glaube, dass so viele Frauen nach der Operation enttäuscht sind und leiden, hat damit zu tun, dass es heute zu einfach ist, sich operieren zu lassen. Wer Geld hat, kann einfach nach Thailand reisen und sich ohne richtige Behandlung umoperieren lassen. Ich habe eine Freundin dorthin begleitet und war schockiert. Die fragen einfach: «Wie gross sollen die Brüste sein? Möchten Sie eine kleinere Nase?» Eine Katastrophe!

Andere lassen sich von Psychiatern behandeln, die keine Erfahrung mit dem Thema haben und nicht merken, dass die Seele der Patientin noch nicht bereit ist für eine Operation. Natürlich hatte ich in jungen Jahren auch den Wunsch, meinen Traummann zu finden, ihn zu heiraten und all diese Jungmädchen-Träume. Wer sich aber unters Messer legt, um einen Mann zu finden, wird enttäuscht werden. Auch die Sexualität im neuen Körper klappt nur, wenn der Kopf wirklich bereit dazu ist. Ich kann das Gejammer wegen Orgasmusschwierigkeiten nicht mehr hören. «Warum hast du dich operieren lassen?», frage ich dann. «Wegen eines Orgasmus?» Und wenn ich höre, es sei schwirig, einen guten Mann zu finden, wenn man operiert ist, muss ich lachen. Es ist schwirig, einen guten Mann zu finden. Für alle Frauen. Das meinte wohl meine Mutter, als sie sagte, ein Frauenleben sei voller Leiden.»

Monica Ramasami unterrichtet traditionellen indischen Tanz. Sie lebt in Zürich.

ICH BIN EIN MO- DERNER MANN

ICH BIN EIN MODERNER MANN

Georges Kitsakis

Der Mann, der mit einem Mädchenkörper geboren wurde, geht wie ein Fussballer. Leichte O-Beine, federnde Schritte. Wer an Georges Kitsakis weibliche Züge ausmachen will, scheitert kläglich. Er holt uns am Bahnhof ab, offeriert gleich eine Rundfahrt durch das kleine Landstädtchen in der Region Winterthur, in dem er sich vor kurzem eine Eigentumswohnung gekauft hat. Dort angekommen, schäkert er mit einem Nachbarn, erzählt, wie wichtig ihm dieses Zuhause ist. Er, der seine Kindheit in vier verschiedenen Ländern verbracht hat, schätzt diesen Fixpunkt im Leben mehr als jeder seit jeher Sesshafte. In der Tiefgarage des Psychiatriepflegers mit den griechischen Wurzeln steht eine knallgelbe Honda Rebel, an der Garderobe hängt eine Bomberjacke, auf dem Esstisch steht eine Flasche «Single Malt». Männlichkeitssymbole?

Georges Kitsakis winkt ab: «Das war einmal. Heute bin ich ein moderner Mann», sagt er, während der Kaffee aus dem Vollautomaten läuft, «ich putze, koche, wasche. Noch vor ein paar Jahren», gesteht er lachend, «war das alles nicht meine Baustelle.» Niemals hätte er sich vor der geschlechtsangleichenden Operation freiwillig in eine Küche gestellt: «Mir ging es wie den meisten Transmännern. Ich wollte nicht einfach ein Mann sein, ich wollte DER Mann sein und der steht nicht am Spültrog.»

Kitsakis war bis vor fünf Jahren mit einem weiblichen Vornamen und einem Frauenkörper unterwegs. Heimisch gefühlt hat er sich darin nie. Schon als kleines Kind rasierte er sich mit dem Rasierer seines Vaters und interessierte sich mehr für Technisches als für Puppen und Gummitwist. «An dir ist ein Junge verloren gegangen», sagten die Mütter seiner Freunde des Öfteren zu ihm. Und das Mädchen, das wie ein Junge fühlte, dachte: «Wenn ihr wüsstet, wie Recht ihr habt...»

Georges Kitsakis setzt sich an den hölzernen Esstisch in seinem Wohnzimmer und nimmt einen grossen Schluck aus seiner Bierflasche. Alles Ikea, sagt er mit einer ausladenden Bewegung Richtung Wohnzimmer. Ein gigantisches Foto des Eiffelturms schmückt die Stube, im Flur und im Schlafzimmer verfängt sich der Blick im Schweizer Bauernkalender und in Bildern von schwulen Männern in eindeutigen Posen.

Bis zum Eintritt der Pubertät sei er mit seinem Anderssein eigentlich gut zurechtgekommen, erzählt Kitsakis. «Ich hatte meist Kraft genug, mich gegen den Druck zur Konformität aufzulehnen.» Er wählte Werken statt Handarbeit und fuhr, wenn er doch zum Nähen gezwungen wurde, mit dem Nähmaschinenpedal Autorennen. «Ich war sperrig, aber meine Eltern liessen mich gewähren.»

Das tun sie bis heute. Auch wenn ihnen ihr Sohn, wie er selber sagt, einiges abverlangt. Zuerst Frau und lesbisch, jetzt Mann und schwul. «Sie schaffen es bis heute nicht, meinen richtigen Namen zu verwenden», sagt Georges, «aber sie lieben mich und das ist, was zählt.» Auf dem Sideboard in Georges Wohnzimmer steht ein Porträt seiner Eltern. Es zeigt eine attraktive blonde Frau und einen südländisch aussehenden Mann mit denselben tiefgründigen dunklen Augen wie Georges Kitsakis.

«Die Pubertät war wie ein Schock», erzählt dieser weiter. «Alles fühlte sich falsch an: die Brüste, die Periode, die Rundungen.» Als Kind habe er immer gehofft, eines Tages als Junge aufzuwachen, das Einsetzen der Pubertät zerstörte diesen Traum jäh. «Ich sass irgendwo in der deutschen Provinz und fühlte mich vollkommen einsam.» Georges Kitsakis verliebte sich in eine Klassenkameradin, fand aber nie den Mut, ihr seine Gefühle zu offenbaren. Ein Mann wäre damals als Partner nie in Frage gekommen. «Allein beim Gedanken, dass er mich als Frau begehren könnte, drehte sich mir der Magen um.»

25 Jahre und eine grosse Operation später ist alles anders: Georges liebt Didi und Didi liebt Georges. Didi ist ein sogenannter Bio-Mann und vor kurzem aus Köln zu Georges gezogen. Der 48-jährige kommt eben von der Arbeit, schält sich aus der Uniform eines privaten Sicherheitsdienstes und setzt sich auf einen Barhocker an der Küchenkombination. «Nicht mein Traumjob», sagt er, «aber von irgendetwas muss ich ja leben.» Lieber als von seiner Arbeit erzählt er von der geplanten Teilnahme am bevorstehenden Christopher-Street-Day und seinen Erfahrungen in der Kölner Schwulenszene. Georges hat Didi im Internet kennengelernt. «Ich habe einen Mann gesucht», sagt Georges und lacht, «und Didi hat mich gefunden.»

Ich explodierte fast vor Energie.

Bereits Jahre zuvor brachte das Internet die grosse Wende in Georges Leben. Als er in einschlägigen Foren die ersten anderen Transmänner entdeckte, tat sich ihm eine Welt auf. Georges fand Gleichgesinnte und einen Arzt, der ihm Testosteron, das Hormon, das er bis an sein Lebensende wird einnehmen müssen, verschrieb. Es zeigte augenblicklich Wirkung: «Ich explodierte fast vor Energie, wurde schnell aggressiv und konnte nicht mehr weinen», erinnert sich Georges. Innerhalb weniger Wochen sprossen in seinem Gesicht Haare, sein Körper wurde muskulöser und die Stimme tiefer. «Ich durchlebte diese typische narzisstische Phase, die man bei vielen Transsexuellen beobachten kann. Ich stand ständig vor dem Spiegel und suchte nach Veränderungen.»

Die kamen mit voller Wucht. Auch in der Sexualität: «Ich konnte Gefühle und Sex plötzlich problemlos trennen. Alles wurde mechanischer, körperlicher. Dieses Bedürfnis nach Treue und Ausschliesslichkeit war weg.» Er habe lange darüber nachgedacht und sei zum Schluss gekommen, dass dieses ganze «Gendergeschwafel» ziemlich an den Haaren herbeigezogen sei. «Auch wenn es vielen nicht ins Weltbild passt», sagt Georges, «unser Verhalten ist zu einem grossen Teil hormonell bedingt.»

Georges ist erfrischend offen. Er präsentiert ein selber bedrucktes T-Shirt, auf dem vorne «Transmann» steht, hinten «Sitzpinkler». Eine Anspielung darauf, dass er sich zwar Brüste und innere Geschlechtsorgane entfernen liess, aber auf ein Penoid, einen konstruierten Penisersatz, verzichtet hat. Die Komplikationsrate ist ihm mit zu hoch. Die Gefahr, die Orgasmusfähigkeit einzubüssen, ist ihm zu gross. Es sei ein Problem, ein Mann ohne sein vermeintlich bestes Stück zu sein, sagt Kitsakis, aber keines, mit dem er nicht leben könne. «Ich habe lieber Spass mit dem, was ich habe, als keinen mehr.»

Ein paar Fragen bleiben: «Was passiert, wenn ich durch einen Nacktscanner muss. Werde ich verhaftet?», fragt sich Kitsakis manchmal. Oder: «Wie ergeht es mir selber einmal im Pflegeheim, wenn das Personal nicht den Körper vorfindet, den es erwartet?»

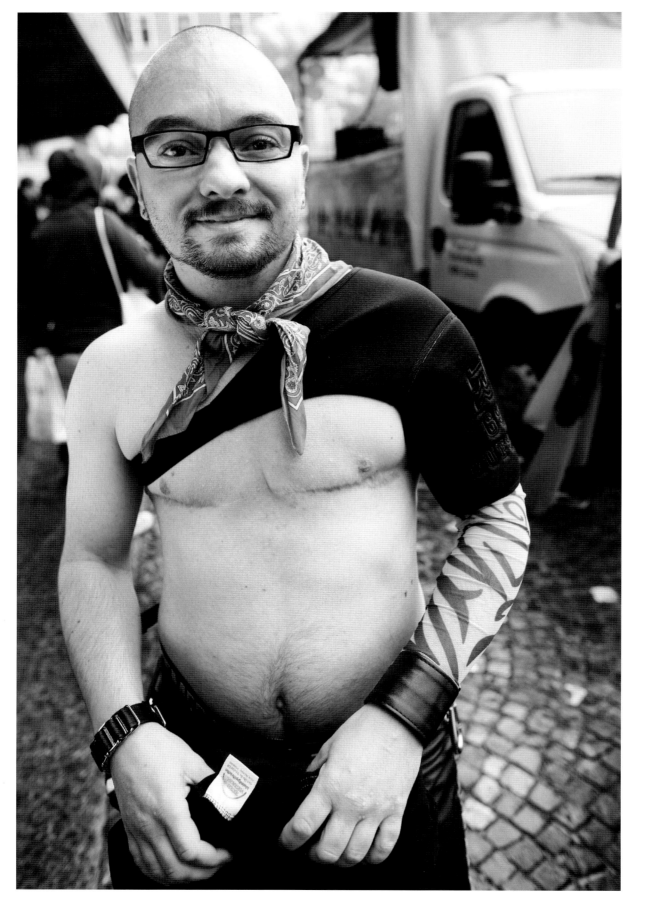

Er schnappt sich seine Zigaretten, geht hinaus auf die grosse Terrasse seiner Neubauwohnung und sagt: «Jeder hat seinen Rucksack. Wichtig ist, was man daraus macht.» Seine Geschichte habe ihn zur persönlichen Entwicklung gezwungen und das sei positiv. «Ich musste meinen Fokus öffnen, flexibel werden und freue mich heute an der Vielfalt des Lebens», sagt er. Wenn er jemandem seine Transsexualität erklären muss, vergleicht er sie mit einer körperlichen Behinderung. «Hirn und Geist waren in Ordnung, aber der Körper brauchte ein wenig Unterstützung.»

Die Geschlechterfrage ist heute nur noch ein Teil seines Daseins. Am Arbeitsplatz ist lediglich die Chefetage über seine Geschichte informiert. Dies, weil er sich dort der Vollständigkeit halber mit Zeugnissen bewerben musste, die auf seinen Frauennamen lauten. Für die Arbeitskolleginnen und -kollegen, mit denen Kitsakis als diplomierter Pfleger im Nachtdienst in einem Zürcher Pflegeheim zusammenarbeitet, ist er einfach Georges. «Der Typ vom Nachtdienst. Nicht mehr und nicht weniger.»

Für seine Patienten ist er wohl eher mehr. Didi hat sich dazugesellt und erzählt von seinem Besuch im Altersheim. «Georges bei der Arbeit zu sehen hat mich tief beeindruckt», sagt Didi, und man sieht ihm die Rührung auch jetzt noch an. «Ich hab fast geweint», sagt der Mann, der zwölf Jahre lang eine Schwulenbar geführt hat. «Ehrlich.» Das Verständnis, das Georges seinen Patientinnen und Patienten entgegenbringe, der Respekt, mit dem er ihnen begegne, sei bewundernswert. Die Atmosphäre, die er schaffe, einmalig. «An einem Ort, wo Menschen wie Georges arbeiten, da möchte man alt werden.»

Georges Kitsakis ist Psychiatriepfleger und wohnt zusammen mit seinem Partner in einem historischen Zürcher Landstädtchen.

TRÄUME, TRÄUME, KLEINES KIND

TRÄUME.
TRÄUME.
KLEINES
KIND

Ramona Welti

Es ist wie das Eintauchen in eine andere Welt. Wer an diesem sonnigen Sonntagnachmittag die Tür zum Restaurant «Zum goldenen Fass» öffnet, muss sich erst an die Dunkelheit gewöhnen. Die Luft ist rauchgeschwängert, das Licht gedämpft. Die meist nicht mehr ganz jungen Gäste wiegen sich im Rhythmus der Musik, klatschen und johlen: «Einen Oberkrainer!» wünscht sich eine Dame und hält ihr Weissweinglas in die Luft, eine andere ruft: «Peter Alexander! Die kleine Kneipe!» und eine Männerstimme fordert ein Lied von Frank Sinatra. Ramona setzt die rosarote Brille auf und singt. Sie spielt Keyboard, stellt sich mit der Gitarre auf den nächsten Stuhl und bringt die Show. «Das ist im Fall eine Umgebaute», flüstert einer am Stammtisch, «aber singen kann sie.»

«Umgebaute», «Transe» oder einfach nur «er», Worte, die Ramona Welti treffen wie Giftpfeile in offene Wunden. «Jetzt muss man sich die ganze Perversion einmal vor Augen führen», sagt sie später im Wohnzimmer ihrer Wohnung in Aarau. Und bekräftigt mit einem Faustschlag auf die Tischplatte: «Ich bin heute eine Frau, nicht nur vom Wesen her, sondern auch vom Körper und werde immer noch blöd angemacht.» Ramona redet sich in Rage. «Natürlich kann man sagen, ich müsse mir halt eine etwas dickere Haut zulegen, aber sagt man das einem Schwarzen, der ständig mit Neger angesprochen wird, oder einem Behinderten, den sie Krüppel nennen? Niemals! Alle haben eine Lobby, sogar Schwule und Lesben. Nur mit uns kann jeder machen, was er will.»

Ramona Welti kämpft. Einen Kampf gegen alle und jeden. Einen Kampf, den sich die 52-Jährige nicht ausgesucht hat.

Aufgewachsen in einem Toggenburger Bergdorf, in einem streng religiösen Elternhaus, war der weibliche Junge ein Fremdkörper. Als «abartig» und «schwul» betitelte ihn sein Vater. Wenn «Mäck» ins Bett machte, musste er zur Strafe einen Rock seiner Schwester anziehen. In der Schule schickte der Lehrer ihn mit den Mädchen unter die Dusche.

Ramona zog sich zurück, überlebte irgendwie. Nachts fragte sie den lieben Gott, warum er ihr das antue. Eine Antwort kam nie. «Einmal ging ich in den Wald, um mir das Ding zwischen den Beinen mit einem Küchenmesser abzuschneiden», erinnert sich Ramona. Dort angekommen, verliess sie der Mut. In der Pubertät versuchte sie, sich anzupassen. «Es gab Zeiten, da habe ich mir mein Gesicht täglich mit Haarwasser eingerieben, in der Hoffnung, es wachse irgendwann ein Barthaar.»

Was mit ihr los war, wusste sie nicht. «Wie auch, ich war ja nicht einmal aufgeklärt.» Als 14-Jährige stiess sie in einer Zeitschrift auf einen Artikel über eine Transsexuelle, die in den USA operiert worden war. «Ich wusste sofort, dass diese Geschichte etwas mit mir zu tun hatte», erinnert sich Ramona. Bis dahin glaubte auch sie, sie sei schwul. Verstärkt wurde dieses Gefühl durch die sexuellen Übergriffe in der christlichen Jugendgruppe des Nachbardorfes. Der Leiter vergriff sich seit längerem an ihr. «Ich dachte, das sei normal bei einem Mann und hoffte, dass er mich heiraten würde, wenn ich dann operiert wäre.»

Ramona suchte das Gespräch mit ihren Eltern. Der Vater flippte aus, die Mutter schwieg. Der unliebsame Sohn wurde in ein Lehrlingsheim in Schaffhausen gebracht. Möglichst weit weg vom Dorf. «Manchmal bin ich per Autostopp zurückgereist», sagt Ramona und zündet sich hastig eine Zigarette an. «Einmal hielt einer in einer Kiesgrube an, zerrte mich aus dem Auto und verging sich aufs Übelste an mir.» Nur durch Zufall konnte Ramona flüchten, harrte in einem nahen Maisfeld aus, bis es dunkel war. Verletzt und mit zerrissenen Kleidern, lässt man sie schliesslich in einem Restaurant telefonieren. Der Vater kommt sie holen. Er schreit sie nieder.

Ramona versucht, sich umzubringen. Sie schluckt alles, was sie daheim im Medizinschrank findet, und fährt zurück nach Schaffhausen. Dort bricht sie zusammen und wird in die Psychiatrische Klinik Breitenau eingewiesen.

Ramona kommt zur Ruhe, trifft zum ersten Mal auf Menschen, die sie verstehen. Ihre Ärztin hört ihr zu, nimmt sich Zeit. «Ich glaube, meine Geschichte hat sie sehr berührt», sagt Ramona, und ihre markanten Gesichtszüge entspannen sich für einen kurzen Moment. «Sie hat mir sogar angeboten, nach meiner Entlassung bei ihr und ihrem Mann zu wohnen.»

Zwei Tage später wird Ramona in Handfesseln abgeführt. Ihr Vater hat veranlasst, dass sie in die Psychiatrische Klinik Münsterlingen verlegt wird. Auf die geschlossene Abteilung. «Was ich dort erlebt habe, erzähle ich niemandem», sagt Ramona schnell. Nur so viel: «Es war schlimmer als alles andere, was ich bereits hinter mir hatte. Sie versuchten, mir mein angebliches Schwulsein mit Elektroschocks und eiskalten Duschen auszutreiben. Wenn ich mich widersetzte, fesselte man mich mit Lederriemen ans Bett.»

Drei Monate verbringt sie dort, schwört sich, nie mehr mit irgendjemandem über ihr Innerstes zu reden. Mit sich selber schliesst sie einen Pakt: Entweder hat sie mit 25 das Geld für die geschlechtsangleichende Operation zusammen oder sie beendet ihr Leben definitiv. Als Mann absolviert sie eine Informatikausbildung bei Ex Libris, hat Freundinnen, heiratet sogar. Gelebt habe sie in dieser Zeit nicht, sagt Ramona, eher funktioniert. Ihr Drang, endlich als Frau leben zu können, beschäftigte sie Tag und Nacht. «Ich wurde zum Workaholic, betäubte mich mit Alkohol und Drogen, machte einen weiteren Selbstmordversuch.»

Der 25. Geburtstag naht, das Geld für die Operation fehlt. Ramona schluckt wieder Medikamente, überlebt nur durch ein Wunder. Sie redet sich ein, ein Zeichen Gottes erfahren zu haben und versucht, sich als Mann durchzuschlagen.

Erst im Alter von 39 Jahren trifft sie auf eine Transfrau, die sie ermutigt, ihren Weg zu gehen. «Ich sah damals aus wie ein Obermacho. Diese Frau schaute mich an und

sagte mir direkt ins Gesicht: Du wirst erst ein normales Leben haben, wenn du operiert bist.» Ramona erschrickt und ist erleichtert zugleich. «Ich brauchte diesen Anstoss von aussen.» Dann geht alles sehr schnell. Ramona findet einen Arzt, der ihr Hormone verschreibt. Sie lebt als Frau, nur für bestimmte Kundenbesuche schlüpft sie eine Zeitlang noch zurück in die männliche Rolle. An der Uniklinik Zürich verspricht man ihr eine baldige Operation. Kurz vor dem vereinbarten Termin teilt man ihr mit, man könne sie aufgrund ihres erhöhten Blutdruckes nicht operieren. «Eine faule Ausrede», sagt Ramona. Sie habe ihren Blutdruck monatelang überwachen lassen und nie Probleme gehabt, «das kann ich belegen». Ramona verzweifelt, kämpft, beschwert sich, schreibt Briefe, die sie nicht abschickt: «Ich bedaure, dass ich nicht in der Zeit lebe, in der Hitler noch an der Macht war. Der war humaner zu uns als all die hochdekorierten Ärzte heute. Er stellte uns in eine Gaskammer und alles Leiden hatte ein Ende...»

  Ramona macht, was viele Transmenschen tun, wenn sie die Möglichkeit dazu haben. Sie sucht sich einen spezialisierten Privatarzt. Ein guter Freund treibt das nötige Kleingeld auf. «Ich bin ihm unendlich dankbar dafür», sagt sie, denn der Arzt, der sie operiert habe, sei einer der besten, den man finden könne. Im Alter von 45 Jahren bekommt Ramona in einer Privatklinik in Potsdam den Körper, der zu ihr gehört. Sie hatte es geschafft. Als sie sich ein paar Tage nach der Operation im Spiegel sieht, gefällt sie sich. Die Krankenschwester beneidet sie um die schönen Brüste. Zaza, eine Freundin, reist aus Karlsruhe an. Sie bringt eine Rose mit und eine Karte:

Geburtsurkunde
05.11.2003
Für die kleine Tochter:
Amtlich
wird heute festgestellt:
Ein süsses Mädchen
kam zur Welt.
Eine niedliche Dame
Ramona
ist Ihr Name.

Voller Glück und Sonnenschein,
Soll Ihr ganzes Leben sein

Ein kurzer Moment des Glücks. So etwas wie Frieden, aber der Kampf ist nicht vorbei. «Mein grosses Problem ist meine Stimme», sagt Ramona, «sie ist zu männlich.» Eine misslungene Stimmband-Operation hat sie bereits hinter sich. Wegen ihrer Stimme meidet sie öffentliche Verkehrsmittel und Geschäfte, in denen sie sich bedienen lassen müsste. «Ich habe keinen Bock, mich dauernd anzünden zu lassen.» Es gab Zeiten, da sprach Ramona überhaupt nicht mehr. «Ich musste mir anhören, ich gehöre zu einer Randgruppe», sagt sie. Sie lebe mit ihrer Partnerin in einer ganz normalen Wohnung in einem ganz normalen Block und verdiene sich ihren Lebensunterhalt mit Konzerten und ihrem Tonstudio selber. «Was gopfertelli hat das mit einer Randgruppe zu tun?» Für eine weiblichere Stimme würde Ramona auf alles verzichten. Sogar aufs Singen. Irgendwann, sagt sie, werde sie das Geld zusammenhaben und sich wieder unters Messer legen. Einfach, um ein normales Leben zu haben. «Eigentlich schlimm, denn jeder Mensch hat weibliche und männliche Anteile. Von uns verlangt man, dass wir jeden männlichen Zug an uns ablehnen. Ein Kampf gegen uns selber, den wir nicht gewinnen können.»

Kleines Wiegenlied

Träume, träume kleines Kind
Morgen bläst ein harter Wind
Morgen fängt das Leben an
Wirst schon sehn wie hart's sein kann

Träume, träume kleines Kind
Tränen kommen mit dem Wind
Stark sein musst du jetzt und morgen
Damit du lebst mit wenig Sorgen

Träume, träume kleines Kind
Lauf durchs Leben ja nicht blind
Sieh dir Furcht und Elend an
Kämpf dagegen, fang jetzt an.

Träume, träume kleines Kind
Die Zeit vergeht gleich wie der Wind
Bald schon bist du alt und schwach.
Darum kämpf, schlaf nicht, sei wach.

Ramona im September 2001

Ramona Welti ist Musikerin und Musikproduzentin. Sie lebt mit ihrer Partnerin in Aarau.

DER MANN IN MIR IST LÄNGST GESTOR-BEN

DER MANN IN MIR IST LÄNGST GESTOR-BEN

Sonja Vera

«F. Vera» steht an der Klingel des älteren Mehrfamilienhauses mitten in der Stadt Zürich. F. für Francfisco. So steht es in Sonjas Papieren. Die Tür öffnet eine Frau. Eine schon fast irritierend schöne Frau, mit einer Ausstrahlung, die einen sofort gefangen nimmt. Im hüftlangen Winterpullover und den gemusterten Wollstrumpfhosen sieht Sonja Victoria Vera nicht aus, wie man sich eine Sexarbeiterin vorstellt. Über ihren Beruf will sie denn auch gar nicht sprechen. «Wanna see my ass?», fragt sie, «no problem.» Aber das sei nicht, was sie als Mensch ausmache. Mit ihren leuchtend roten, überlangen Fingernägeln klaubt sie einen Stapel Fotos vom Schreibtisch, der im selben Zimmer steht, in dem Sonja arbeitet und wohnt. «Diese Bilder», sagt sie, «hat mir meine Mutter aus Ecuador geschickt.» Sie sollten Sonja an ihrem vierzigsten Geburtstag daran erinnern, wie sehr sie als Kind ihrem Vater geglichen hat. «Sie will mich zur Vernunft bringen», sagt Sonja. Erst vor kurzem hat sie sich ihrer Mutter zum ersten Mal als Frau gezeigt. Sie reagierte fassungslos und ohne jegliches Verständnis. Im Gegensatz zu Geschwistern, Cousins und anderen Verwandten kann sie den Schritt ihres Kindes nicht akzeptieren. «Sie versucht, mich zu erpressen», sagt Sonja, «moralisch unter Druck zu setzen.» Ein Vorhaben, mit dem sie scheitert. Sonja strahlt, als sie uns die Fotos zeigt: «Look at this, isn't it amazing?», sagt sie und hält ihre schönen langen Finger dramatisch vor die perfekt geformten Lippen. Das vergilbte Bild zeigt vier kleine Buben vor einem Christbaum. Einer ist kleiner als die anderen, dunkelhäutiger und trägt rosarote Kleider. «That's me!» sagt Sonja, «a little girl!»

Sonjas Geschichte beginnt in Ecuador. Ihre Mutter ist 19, als ihr einziger Sohn geboren wird. Der Vater zieht schon bald weiter zu einer anderen Frau, hat mit ihr noch einmal drei Kinder. «Meine Mutter wollte ihm beweisen, dass sie es mit mir auch alleine schafft. Ich musste für sie erfolgreich und stark sein.» Als Sonja merkte, dass sie dem Bild des südamerikanischen Machos nie entsprechen wird, flüchtete sie nach Europa. «In meiner Heimat konnte ich nicht ich selbst sein, und gegen meine eigene Mutter ankämpfen wollte ich nicht.» Der Weg nach Zürich führte über das Rotlichtviertel in Amsterdam.

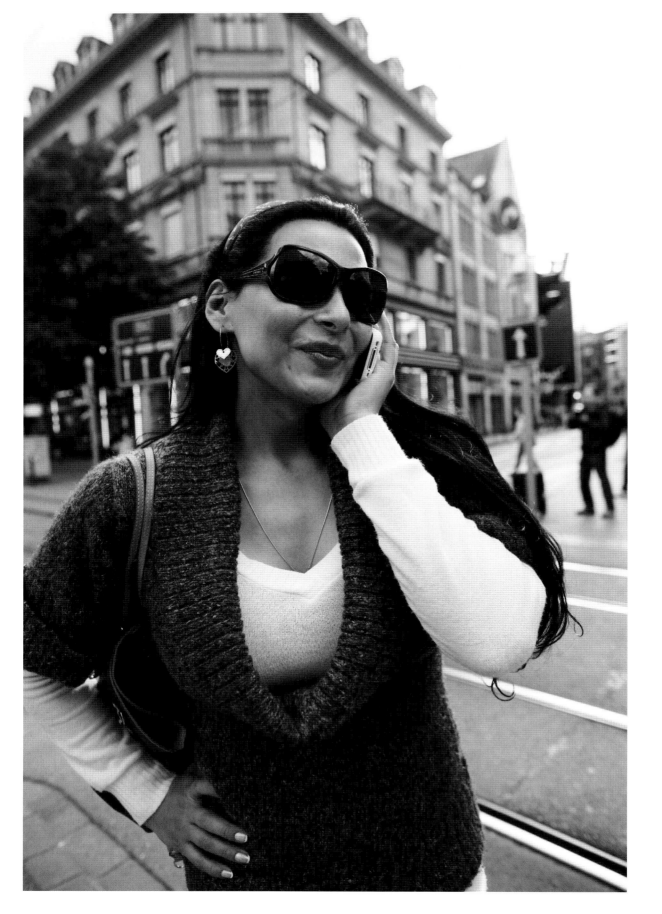

Der Weg zum weiblichen Körper – einige Jahre später – über ein Hinterzimmer in São Paulo, Brasilien. «Ich hatte nicht viel Geld und suchte einen Arzt, der billig operiert.» Sonja lässt sich Brustimplantate einsetzen und unterzieht sich einer Bauchoperation, welche die Taille schlanker, weiblicher macht. Die «Klinik» ist ein schäbiges Zimmer in einem Hinterhof. Es ist heiss in São Paulo und es regnet ständig. Aus dem Ventilator an der Decke tropft schmutziges Wasser. «Legen Sie sich hin», bittet sie der Arzt, «ich werde Sie hier operieren.» «Oh my god!», ruft Sonja aus, als sie die Geschichte erzählt. «Ich hatte solche Angst.» Sie habe gewusst, dass die nächsten Stunden über ihr zukünftiges Leben entscheiden würden. «Sehe ich nachher gut aus, ist dies der Anfang meines neuen Lebens, wenn nicht, ist dies mein Ende.» Sonja erwacht während der Operation, spürt die Hände des Chirurgen, wie sie die Brustimplantate unter die Muskeln schieben. Die Schmerzen sind unerträglich. Kaum sind die Nähte geschlossen, bestellt er Sonja ein Taxi. Sie wird immer wieder ohnmächtig, verletzt sich. Sonja springt von ihrem Klappstuhl auf, den sie mitten in ihrer kleinen Wohnung aufgestellt hat, und legt sich aufs Bett, um zu demonstrieren, wie sie ohnmächtig dagelegen hat. Sie spielt uns das Theater ihres Lebens in Sequenzen vor. Lacht viel, gestikuliert, setzt ihren ganzen Körper ein. Man möchte alle hören, die Geschichten aus Brasilien, dem Zürcher Nachtleben, den letzten Stunden am Totenbett ihres Vaters. Der Vater, der Sonja stark geprägt hat, gerade weil er nie da war. Erst als er jung an Krebs stirbt, fasst Sonja den Mut, zu dem zu werden, was sie innerlich schon immer war: eine Frau. Eine, deren Umwandlung in einer Absteige in São Paulo beginnt und fast zu Ende ist, bevor sie begonnen hat. In diesen Tagen passiert viel in Sonjas Innerstem: «Ich bin fast gestorben und niemand war da, der mir beigestanden wäre, nicht meine Familie, kein Freund.» In diesen Stunden realisiert Sonja, dass ihr Weg zum Glück ein einsamer ist, und in diesen Stunden entdeckt sie eine unglaubliche innere Stärke; dieses Selbstverständnis, dass niemand, der jetzt nicht bei ihr ist, jemals das Recht haben wird, sie zu verurteilen.

90 Prozent, sagt Sonja, hätten sie sofort als Frau akzeptiert. Freunde, Familie. Der berühmte ecuadorianische Basketballspieler, mit dem sie früher zusammengespielt hat, will sie sogar seiner Familie vorstellen. «Und weisst du warum?», fragt Sonja, unterstreicht

ihre Frage mit einem provozierenden Blick. «All because I'm beautiful», sagt sie, «it's all about my face, my body, my ass.» Solange sie so schön sei, werde ihr Leben als Frau so sein, wie sie sich das immer gewünscht habe. «Transsexuelle Menschen, die attraktiv sind, sexy, werden beklatscht», fügt sie an, «die anderen verachtet die Gesellschaft.» Etwas, das sie manchmal richtiggehend wütend mache. «Ich habe transsexuelle Schwestern, die ein riesengrosses Herz haben, aber keinen schönen Körper. What about them?»

Sonjas Handy summt. «Hoi Baby», flötet sie ins Telefon, «ich geh noch schnell unter die Dusche. Ich liäbä dich, Schätzeli.» Ein Freier hat angerufen. «Zehn Minuten», sagt sie zu uns, «danach können wir weitermachen.»

Es sind dann zwanzig Minuten. Zurück im Zimmer ist Sonjas langes Haar zerzaust, die Wangen gerötet. «Er hat gesagt, du bist so wundervoll, Sonja», sagt sie und zwinkert mit den Augen. Viele Kunden würden darauf stehen, dass sie so sei, wie sie eben sei – oben Frau, unten Mann. «Wo waren wir stehen geblieben?», fragt sie dann und erzählt gleich die nächste schöne Geschichte. Die des kleinen Engels im Zürcher Einkaufszentrum Letzipark. «Das war vor meiner Operation. Ich war gerade wieder sehr deprimiert, traute mich kaum aus dem Haus. Ich hasste es, mich in Schaufenstern zu sehen. Ich hasste die Reaktionen der Leute auf mich», erzählt Sonja. Den Blick auf den Boden gesenkt, sei sie in der Mall auf eine kleine Mauer gesessen, als ein Vater mit einem kleinen blonden Mädchen auf dem Arm vor ihr aufgetaucht sei. «Geh zu Mami», habe er zu seiner Tochter gesagt und sie abgesetzt. Das kleine Mädchen sei schnurstracks auf sie, Sonja, zugerannt und habe sie umarmt. «Ich war so gerührt, dass mir die Tränen kamen», erinnert sich Sonja. So lange habe sie immer wieder zu Gott gebetet, er solle ihr doch ein Zeichen geben, an diesem Nachmittag habe er ihr eines geschickt. «Als dieser kleine Engel mich als Frau erkannt hat, wusste ich, dass ich auf dem richtigen Weg bin.»

Gott, Geister, die Wiedergeburt. Das sind Themen, über die Sonja am liebsten spricht. Sie sagt, dass sie oft Dinge träumt, die nachher eintreffen. Erzählt von intensiven Träumen von ihrem verstorbenen Vater, der in denselben Nächten auch ihrer

Halbschwester erscheine. «Tote Menschen sind nicht einfach weg von dieser Welt. Ihr Körper zerfällt, aber ihre Seele, ihre Energie bleibt bei uns.» Zweifel lässt sie gar nicht erst aufkommen: «I'm transsexual», sagt sie, «but I'm not crazy.» Geistwesen und die Existenz Gottes seien für sie schon immer real gewesen. Und weil sie immer wieder merke, dass es Menschen gebe, die dafür kein Verständnis hätten, rufe sie nach ihren Träumen und Vorahnungen immer gleich zwei Leute an, um nachher, wenn das, was sie geträumt habe, tatsächlich eingetroffen sei, sagen zu können: «Siehst du jetzt…?»

«Der Mann in mir ist längst gestorben», sagt Sonja. Etwas, das wahrscheinlich jeder, der Sonja kennenlernt, sofort bestätigen würde. Warum aber geht sie den Weg nicht zu Ende? Lässt sich den Penis entfernen? «Eine richtige Frau braucht zwanzig Jahre, bis sie fertig ist», sagt Sonja lachend, «warum soll ich so viel schneller sein?» Eine höhere Dosis Hormone würde sie zwar gerne nehmen, weil sie damit noch weiblicher, noch schöner werden würde, aber ihr Beruf lasse das nicht zu: «Wenn ich mehr Hormone nehme, verliere ich meine Selbstsicherheit, werde schutzbedürftig und verletzlich.» Das sei so ziemlich das Gegenteil davon, was sie für ihren Job brauchen könne. «I have to be a strong woman», sagt Sonja. Sie brauche diese männliche Kraft für ihre Arbeit, aber auch für ihre Mission. «Ich kämpfe dafür, dass Schwule, Lesben und Transmenschen irgendwann gleichberechtigt leben können, ohne Diskriminierung, ohne Ausgrenzung.» Ihr Vorbild ist der Kampf der Schwarzen in Amerika, die Wahl Obamas. «Who knows», sagt Sonja Vera und lacht ihr ansteckendes Lachen: «Vielleicht ist ja die nächste Präsidentin der Schweiz eine Transfrau…»

Sonja Vera ist Sexarbeiterin und lebt in Zürich.

IL CUORE NON SI COMANDA

IL CUORE NON SI COMANDA

Marcella Berardi

«Ich komme aus einem kleinen Dorf in Kalabrien. Die gesellschaftliche Entwicklung ist dort ungefähr in den Sechzigerjahren stehen geblieben. Ich musste also weg, um mein Leben als Marcella beginnen zu können. «Du bisch veruggt!» haben alle gesagt. Schon als Kind wollten sie mich ständig ändern. Weil ich meinem Big Jim die Barbie-Kleider meiner Schwester angezogen oder in der Schule mit Marcella anstatt mit meinem richtigen Namen Marcello unterschrieben habe. «Dieser Strich gehört hier nicht hin», sagte die Lehrerin immer. Ich hab ihn trotzdem gemacht. Warum, wusste ich damals nicht. Ich spürte einfach, dass mit mir etwas nicht stimmt.

Lange Zeit arrangierte ich mich damit. Ich verschrieb mein Leben ganz den Lastwagen. In meinem Dorf nennen sie mich «Camion-Wikipedia». Weil man mich alles fragen kann, was mit LKWs oder Baumaschinen zu tun hat. 220 Lastwagen-Modelle habe ich bis heute zusammengebaut und 150 Baumaschinen. Eines Tages werde ich in meiner Wohnung in einer kleinen Ecke schlafen müssen, weil ich vor lauter Modellen keinen Platz mehr habe.

Die ersten 35 Jahre meines Lebens habe ich für meinen grossen Traum gelebt: Ich wollte besser Lastwagen fahren als mein Vater. Eines Tages parkierte ich einen Schwertransporter vor seiner Werkstatt mitten im Dorf. Er kam raus und sagte zu mir: Jetzt hast du es geschafft, mein Sohn. Du bist besser als ich.

Das war für mich der Startschuss für ein neues Leben. Jetzt bin ich an der Reihe, dachte ich. Im Dorf konnte und wollte ich nicht bleiben. Darum nahm ich eine Stelle in Zürich an und zog in die Schweiz. Am Anfang war ich sehr einsam. Ich begann am Samstagabend ins Niederdorf zu gehen und fand eine Gruppe von Transvestiten, merkte aber schnell, dass das nicht meine Welt war, nicht das, wonach ich suchte. Mein Hausarzt half mir. Er überwies mich zu einem Hormonspezialisten und einem Psychiater. Dieser sagte mir beim ersten Gespräch: «Sie sind nicht transsexuell. Schauen sie sich an, mit ihren behaarten Händen und ihrem Männergesicht.» Er wollte mich provozieren. Nach zwei Jahren bekam ich dann doch die Diagnose. Leider kann ich die geschlechtsangleichende Operation nicht machen, da ich an einer Blutkrankheit leide. Ich

sage mir, lieber mit meinem Körper weiterleben, als an der Operation zu sterben. So bleibt es für mich bei Kosmetik. Die Kosmetikerin, bei der ich mir die Gesichtshaare entfernen liess, ist fast verweifelt. Ich hatte einen Bart wie Lucio Dalla, weisch.

Drei Jahre lang hatte ich mit meiner Familie nur telefonischen Kontakt. Nicht einmal zu Weihnachten bin ich runtergefahren. Ich wollte nicht, dass sie mein neues Äusseres sehen. Vor zwei Jahren habe ich dann auf Drängen meiner Schwester mit meiner Familie geredet. Ein Jahr später bin ich nach Kalabrien gefahren. Als Frau. Jetzt bin ich wieder jedes Jahr daheim an Weihnachten. Mit meinem Vater habe ich grosse Schwierigkeiten. Seine Mentalität würde ich nicht als modern bezeichnen. Ich bin halt sein einziger Sohn. Darum ist meine Entscheidung für ihn eine grosse Katastrophe. Mit den Jungen im Dorf geht es gut. Viele haben mir zu meinem Mut gratuliert. Einige haben auch gesagt: Gut, dass du das gemacht hast, als Frau siehst du viel besser aus.

Als ich vor zwei Jahren zurück in mein Dorf gefahren bin, habe ich eine alte Schulkollegin angetroffen. Ich habe sie gesehen und mein Herz hat einen Salto gemacht. Sie war in mich verliebt, als sie 14 Jahre alt war und ich 17. Aber ich hatte damals kein Interesse an Frauen. Ich wollte nur LKW fahren und sonst gar nichts. Dass ich mich als Frau in jemanden verlieben und sich jemand für mich interessieren könnte, hätte ich nie gedacht. Es ist wie ein Wunder! Es ist unglaublich, nach 25 Jahren so eine wunderbare Liebe erleben zu dürfen! Natürlich stören sich viele daran. Sie sagen: «Warum bist du eine Frau geworden und liebst jetzt doch eine Frau?» Ich kann dazu nur sagen: «Il cuore non si comanda...» Das Herz hat keinen Chef.

Meine Freundin lebt in Kalabrien, ich hier. Darum fahre ich im Moment, wann immer möglich, runter. Wenn man liebt, hat man nichts zu verlieren.

Die Mutter meiner Freundin sagt, wenn ich Marcello wäre, wäre ich ihr als Schwiegersohn willkommen. Als Marcella will sie mich nicht. Ich sage ihr immer, dass ich dieselbe Person bin. So oder so. Viele denken halt, ich arbeite jetzt in der Prostitution. Damit muss ich leben. Die Wahrheit ist: Sex interessiert mich schon lange nicht mehr. Mein Psychiater sagt zwar, das sei nicht gut. Ma, che vuoi?

Sie nennen mich «Camion-Wikipedia».

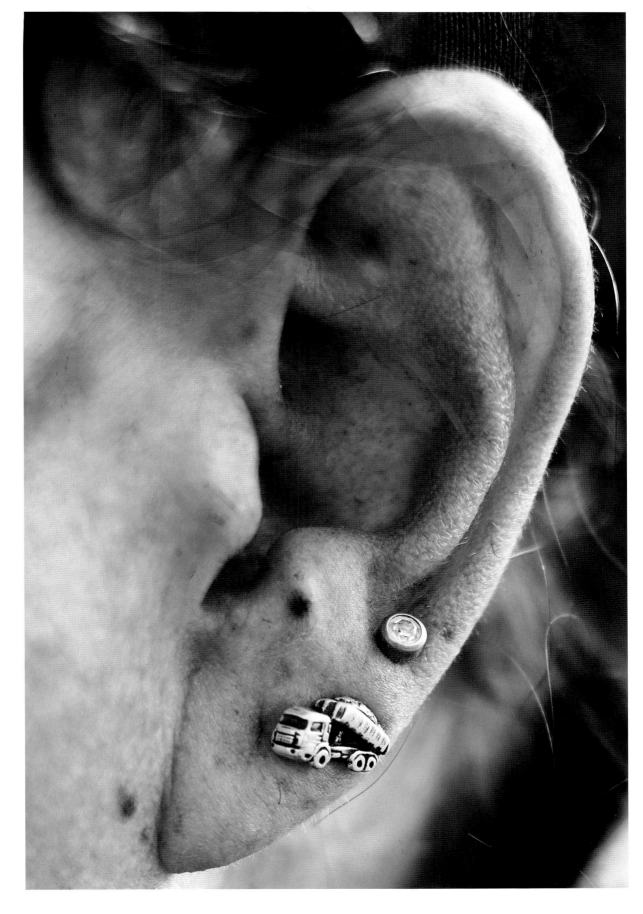

Früher bin ich im Ausland gefahren, heute arbeite ich nur noch in der Schweiz. Mit meinem jetzigen Chef, auch ein Süditaliener – ho trovato un santo. Er ist ein Segen für mein Leben, weil er mich so akzeptiert wie ich bin. Als ich mich bei ihm vorgestellt habe, versuchte ich, möglichst männlich zu wirken. Ich trug lange Hosen, eine dicke Jacke. Am Ende des Vorstellungsgespräches sagte er zu mir: «Marcella, mach mir einfach die Fingernägel nicht so lang, dass du nicht mehr arbeiten kannst.» Alles andere gehe ihn nichts an. Ich bin ihm sehr dankbar, denn es ist schwierig, solche Menschen zu finden. «Viel, viel schwierig.»

Für die Kunden, die mich kennen, und meinen Disponenten bin ich einfach Marcella. Auf den Baustellen muss ich mir manchmal Sprüche anhören, aber damit habe ich kein Problem. Ich mache selber oft Spass. Zum Beispiel, wenn mich ein Kondukteur darauf anspricht, dass in meinem Halbtax ein Männername steht. Dann sage ich: Nein, das darf doch nicht wahr sein. So eine Schlamperei. Ich werde mich sofort beschweren.

Natürlich gab es schon richtige Schwierigkeiten. Einmal auf einer Baustelle haben mich zwei Portugiesen festgehalten. Einer trat mich mit seinen Arbeitsschuhen zwischen die Beine. Ich habe ihn gepackt und zurückgeschlagen. Meine Kollegen sagen jetzt immer: «Du bist kurz, aber viel gefährlich.»

Am Anfang, als ich mein neues Leben angefangen habe, habe ich übertrieben. Ich trug eine blonde Perücke, schminkte mich stark. Marcella hatte immer Fasnacht. Irgendwann hat mir die Frau, die mir die Nägel macht, gesagt: «So wie du laufen andere Frauen nicht rum.» Heute bin ich ihr dankbar dafür. Jetzt bin ich Dark Lady, trage am liebsten dezentes Schwarz und nehme jeden Tag, wie er kommt. Wenn ich durch die Stadt Zürich fahre, bin ich stolz auf mich und meine Arbeit. Ich habe den Asphalt, auf dem die neue Glatttalbahn fährt, geliefert und auch der Prime Tower steht auf Material, das ich geliefert habe. 160 süditalienische Zentimeter versus 126 Zürcher Höhenmeter.

Marcella Berardi ist Lastwagen-Chauffeuse. Sie kommt aus Kalabrien und lebt in der Nähe von Winterthur.

NUR MIT MEINEM MANN

NUR MIT
MEINEM
MANN

Henry Hohmann

Henry Hohmann ist ein Bonvivant. Er liebt das Schöne, das Gute, das Feinsinnige und seinen Mann. Und zwar wortwörtlich seinen Mann. Henry Hohmann ist seit 19 Jahren glücklich verheiratet. So richtig. Mit einem Mann. «Mein grosses Glück», sagt Hohmann. Auf dem grossen Esstisch in der sorgfältig renovierten Altbauwohnung im Berner Lorrainequartier steht eine orientalische Zuckerdose und ein Teller mit Biscuits. Henry Hohmann kocht Tee. Die Personenstandsänderung hat der heute fünfzigjährige Deutsche vor einem Jahr in Deutschland vorgenommen. Dort dürfen Paare verheiratet bleiben, auch wenn sie plötzlich Mann und Mann oder Frau und Frau sind. «In der Schweiz ist das alles ein bisschen schwieriger», sagt Hohmann und lacht. Er erzählt gerne, lebendig und eloquent. «Als ich vor kurzem meine Aufenthaltsbewilligung verlängern lassen wollte, brachte ich die Beamtin ziemlich in Bedrängnis.» Der Computer könne keine Ehe zwischen zwei Männern registrieren, sagte die verzweifelte Beamtin. Er könne weiblich und verheiratet sein oder männlich und in einer registrierten Partnerschaft leben. Weder das eine noch das andere kommt für Hohmann und seinen Mann in Frage. «Das wird jetzt richtig spannend...», fügt er vielsagend an.

Bei Hohmanns ist es schön. Sehr schön sogar. Die grosszügigen Räume sind stilvoll eingerichtet, vor dem Cheminée laden schwere Ohrensessel zum Verweilen und Wände voller Bücher zeugen davon, dass hier belesene Menschen leben. Sowohl Henry als auch sein Mann sind Kunsthistoriker. Beide arbeiten im selben Museum. Vorher schon und immer noch.

Wie steht man das durch, diesen Wandel vom Hetero- zum schwulen Paar? «Für meinen Mann kam alles ziemlich überraschend», sagt Henry Hohmann. Auch wenn er selber überzeugt gewesen sei, schon länger Signale gesendet zu haben. «Einfach war diese Zeit für beide nicht.» Aber jetzt liege sein Outing vier Jahre zurück und es gehe ihnen richtig gut.

«Damals wurde dieses Gefühl, dass mit mir irgendwas nicht stimmt, stärker», erinnert sich Henry. Er nahm 25 Kilo ab. Wirklich besser fühlte er sich nicht. «Ich fing an, darüber nachzudenken, ob ich vielleicht lesbisch bin. Ich wusste nicht, was mit mir los

war, aber ich wusste, dass es etwas mit meinem Innersten zu tun hat.» Es sei ein guter Freund gewesen, der ihm geraten habe, sich doch einmal auf einem Internet-Portal für Transmenschen umzusehen. Für Hohmann eine krude Idee. Er las die Geschichte einiger Transmenschen. Erfuhr von gescheiterten Beziehungen, von schmerzhaften Operationen, von Depressionen und jahrelangem Leiden. «Nö, das bist du nicht», war seine erste Reaktion. Erst eine Woche nach dieser ersten Konfrontation mit dem Thema sei in ihm «etwas hochgespült» worden, sagt Hohmann. «Etwas Grosses.» In diesem Moment nahm Henry Hohmanns Wandel seinen Lauf. 2009 sang er im Kirchenchor noch Sopran. Heute singt er Bass. Sein Mann hört ihn noch immer gerne singen und Henry Hohmann sagt: «Ich war noch nie in meinem Leben so glücklich und zufrieden wie jetzt.»

Ein konventionelles Ehepaar waren Henry und Michael schon vorher nicht. Absolut gleichberechtigt zu sein, war beiden schon immer sehr wichtig. Sie behielten ihre Nachnamen, was vor 19 Jahren noch ziemlich exotisch war, und sie hatten in jeder Wohnung, die sie seither gemeinsam bewohnten, ihre eigenen Zimmer. «Michaels Zimmer sind immer schön ordentlich, meine chaotische Bärenhöhlen», sagt Hohmann. Dieses «Wir machen alles gemeinsam und haben keinerlei Geheimnisse voreinander» war noch nie ihre Sache. Das habe in der Zeit des Wandels sicher geholfen. «Wenn wir jetzt mit Freunden sprechen, sagen diese, dass wir, was die klassischen Geschlechterrollen angeht, schon immer irgendwie in der Mitte gewesen seien.» Beide. «Ich war nie besonders weiblich und mein Mann nie besonders männlich.» Aber eigentlich spiele das gar keine Rolle, sagt Hohmann. «Wir waren und sind einfach zwei eigenständige Persönlichkeiten, die sich lieben und respektieren.»

Das klingt jetzt fast zu schön. Hatte Michael nie Angst, plötzlich mit einem Fremden verheiratet zu sein? «Doch, natürlich», sagt sein Mann, «vor allem die Hormone machten Michael Angst.» Er befürchtete, dass sich die Persönlichkeit seines Partners verändern könnte. «Eine Befürchtung, die ich insgeheim auch hatte», fügt Hohmann an. Er kenne Leute, bei denen das tatsächlich passiert sei. Menschen, bei denen negative Eigenschaften zum Vorschein gekommen seien. Charaktereigenschaften, die vorher wohl durch die

weibliche Sozialisation überdeckt gewesen seien. Bei Henry passierte nichts Derartiges. «Im Gegenteil», sagt er. Rückblickend sei der Entscheid eine grosse Erleichterung gewesen. «Vorher habe ich permanent darüber nachgedacht, ob ich das jetzt machen soll oder nicht. Ich war wohl ziemlich egozentrisch in dieser Zeit. Unfair und pubertär machohaft.»

Er habe den Schritt wegen seiner Ehe so lange nicht gewagt. «Ich wusste, dass ich diesen Weg gehen wollte, aber ich wollte ihn zusammen mit meinem Mann gehen.» Vor die Wahl gestellt, hätte er sich wohl für Michael entschieden. «Ob ich das wirklich gekonnt hätte, steht auf einem anderen Blatt», sagt Henry heute. «Wenn man innerlich einmal so weit ist, kann man nicht einfach wieder zurück.»
Michael blieb. Er sprach Henry von einem Tag auf den anderen mit seinem neuen Namen an. Verwendete das richtige Personalpronomen. Er machte nicht einmal einen Fehler. Nie.

Grundsätzlich habe sich an seinem Umfeld nichts geändert, sagt Hohmann und setzt einen weiteren Tee auf. «Ich arbeite am gleichen Ort wie vorher, meine Freunde sind nach wie vor meine Freunde und ich habe ganz viele neue Freunde gewonnen.» Mit seinem Arbeitgeber habe er ein Riesenglück gehabt. Als Henry endlich den Mut gefunden hatte, ihn zu informieren, hat er geantwortet: «Wenn das so ist, dann ist das so. Ab wann sollen wir die Personalakte ändern und neue Visitenkarten drucken lassen?»

Henry Hohmann lacht. Ein befreiendes Lachen. Als erlebe er diesen eindrücklichen Moment gerade ein zweites Mal.

Seine Kolleginnen und Kollegen informierte Henry Hohmann einzeln. «Viele reagierten sehr berührt und offen. Ich habe noch nie so viel Persönliches über meine Arbeitskollegen erfahren wie in diesen Gesprächen.»

Für die Familie und die engsten Freunde sei sein Wechsel vielleicht nicht so völlig überraschend gekommen, aber in dieser Konsequenz doch unerwartet, meint Hohmann. «Ich bin sehr froh, dass meine Geschwister und mein bester Freund – nachdem sie erstmal ziemlich schlucken mussten – echt hinter mir stehen.» Wie wohl die bereits verstorbenen Eltern reagiert hätten, fragt er sich manchmal. Möglicherweise ähnlich wie

seine Schwiegereltern, die nach dem Outing ohne zu zögern meinten: «Ob Frau, ob Mann... das ist doch egal. Hauptsache, ihr beiden bleibt zusammen!» Für Hohmann die coolste Reaktion überhaupt. «Irgendwie bin ich doch ein ziemliches Glückskind», fügt er nachdenklich an, «denn das ist leider überhaupt nicht selbstverständlich.»

Ein fast genauso grosser Schritt wie der Rollenwechsel war für Henry Hohmann die Entscheidung, seine Perücke abzuziehen. Sich von seinen künstlichen Haaren zu trennen. Kurz nach seinem 16. Geburtstag fielen ihm sämtliche Haare aus. Mitten in der Pubertät eine traumatische Erfahrung. Die Ursache für den Haarverlust hat man bis heute nicht gefunden. «Ich habe inzwischen den Verdacht, dass die Transsache ein Grund sein könnte», sagt Hohmann. Er trug sein Leben lang eine Perücke. «Während der Angleichung war ich endlich Manns genug, sie wegzulegen», sagt er. Sich kahlköpfig zu zeigen, sei fast genauso aufregend gewesen wie sein Coming-out als Transmann.

«Das klingt jetzt total clichiert», sagt Hohmann. «Aber ich habe mich eigentlich nie als Mädchen oder Frau gefühlt.» Das fiel auch seiner Mutter auf. Irgendwie. Sie führte für alle ihre Kinder ein Tagebuch. In Henrys Buch steht, er sei das merkwürdigste ihrer Kinder. Zum Geburtstag und zu Weihnachten wünsche er sich mit vier Jahren ein «Flügelkleid». Damit wolle er zum lieben Gott fliegen und ihn darum bitten, einen Jungen aus ihm zu machen. «Das mit dem Mädchen sein muss mich schon arg beschäftigt haben. Ich wusste damals ja nicht, was mit mir los war. Es gab keine Worte dafür», sagt Hohmann heute. Fast so, als erstaune ihn das alles selber immer noch ein bisschen.

Henry Hohmann ist Kunsthistoriker und wissenschaftlicher Redaktor. Er lebt mit seinem Mann in Bern.

Über die Autorinnen

Ursula Markus, geboren 1941 in Kolumbien, aufgewachsen in Trinidad, Iran und der Schweiz. Mutter von zwei Töchtern, freie Fotografin. Ausstellungen: u.a. «Israel nach dem 6-Tage-Krieg», «Harlem», «Kleine Kinder, Lust und Last», «Strassenkinder in Bukarest», «La Suisse Plurielle». Fotobücher: u.a. «Australien», «Bhutan», «Zürcher Töne im Reich der Mitte», «Unter Kindern», «Zärtliche Eltern», «Morgen ist alles anders – Leben mit Alzheimer», «Mensch Langstrasse», «Schöne Aussichten! Über Lebenskunst im hohen Alter», «Ja – und? Menschen mit Behinderung erzählen», «Durch dick und dünn – Grosseltern von heute und ihre Enkel».

Tanja Polli, geboren 1969 in Zürich. Mutter von zwei Söhnen, freie Journalistin und Texterin. Anfang der Neunzigerjahre Aufbau des Projekts Gassenarbeit in Winterthur. Publikation der Gassenzeitung «Subita» in Zusammenarbeit mit Jugendlichen und randständigen Menschen. Seither schreibend unterwegs: als Journalistin unter anderem für «Beobachter», «Tages-Anzeiger», «wir eltern» und als Texterin für verschiedene Non-Profit-Organisationen und Kulturschaffende.